CAHIER DE VACANCES POUR ADULTES

Ouvrage dirigé par Sophie Le Flour
Conception graphique : Stéphanie Aguado
Textes : Marine Le Flour, Ana Kosutic,
Albane Grout et Maxime Dietzi
Illustrations : Joan
Photos : © Shutterstock

Couverture :
Illustrations : Joan
Photos : © Shutterstock

Ce cahier appartient à :

....

Chiflet&Cie

PENSE PAS BÊTE
MATHS

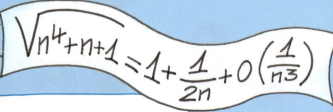

$$\sqrt{n^4+n+1} = 1 + \frac{1}{2n} + O\left(\frac{1}{n^3}\right)$$

Théorème de Pythagore

Dans un triangle rectangle, le carré de l'hypoténuse (le côté opposé à l'angle droit qui est aussi le plus grand des 3 côtés) est égal à la somme des carrés des 2 autres côtés.

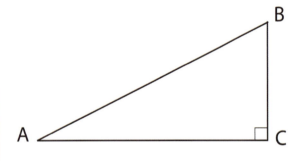

Dans un triangle ABC rectangle en C :
$BC^2 + AC^2 = AB^2$

Racine carrée

La racine carrée d'un nombre X vaut A si A x A = X.

On note A = $\sqrt{X}$

Nombre premier

**Nombre entier supérieur à 1, divisible seulement par 1 et par lui-même.
Ex : 2, 3, 5, 7, 11, etc.**

Décomposition en facteurs premiers

Décomposer un nombre entier en facteurs premiers, c'est écrire ce nombre sous la forme d'un produit de nombres premiers.

Ex : 35 = 5 x 7 ou 75 = 3 x 5².

Aire (ou surface, ou superficie) d'un triangle

C'est la moitié du produit de la longueur d'une hauteur par la longueur du côté opposé.

Vitesse

C'est le rapport d'une distance d par le temps t mis pour la parcourir.

Si on connaît 2 éléments parmi les 3 cités (V, d, t), il est facile d'en déduire le troisième.

$$V = \frac{d}{t}$$

Temps / Durée

1 jour = 24 heures = 1440 minutes = 86400 secondes

1 heure = 60 minutes = 3600 secondes

1 minute = 60 secondes

PENSE PAS BÊTE & FRANÇAIS

Les nombres

Vingt et cent prennent un -s quand ils ne sont pas suivis d'un autre nombre (deux cents), **sinon ils sont invariables** (deux cent trois, quatre-vingt-dix). **Mille est toujours invariable, contrairement à million et milliard. On emploie le trait d'union uniquement entre les nombres qui sont inférieurs à cent, lorsqu'ils ne sont pas déjà liés par la conjonction « et »** (soixante-huit étudiants, vingt et un policiers).

L'impératif

L'impératif exprime l'ordre ou la défense (fais ci ! fais pas ça !).
Il n'a que 3 personnes grammaticales et le sujet n'est jamais exprimé. Seule difficulté, tous les verbes du 1ᵉʳ groupe et quelques autres (offrir, avoir, vouloir) **ne prennent pas de -s à la 2ᵉ personne du singulier** (mange du guacamole et non pas manges, offre des chips et non pas offres) **sauf s'ils sont suivis de en et de y** (il reste du guacamole, manges-en, vas-y !).

Les adjectifs de couleur

En général, l'adjectif de couleur s'accorde avec le nom (une rose blanche), **mais il est invariable :**
– **si c'est un nom commun** (des jeans **orange**, une robe **marron**).
– **si plusieurs adjectifs remplacent un substantif** (ils sont **rouge écarlate**, une culotte **bleu** et **vert**).
– **si un second adjectif modifie le premier** (une teinte **bleu noirâtre**).
– **si l'adjectif suit le mot couleur** (j'aime la couleur **bleu**).

Le participe passé

Le participe passé des verbes conjugués avec être s'accorde en genre et en nombre avec le sujet (le problème avec les enfants, c'est qu'ils ne sont pas consign<u>és</u>).
Avec avoir, on accorde en genre et en nombre avec le COD seulement si ce dernier précède le verbe (Cette femme, Michel Sardou prétend qu'il va l'aimer comme on ne l'a jamais aim<u>ée</u>).

La concordance des temps

C'est la relation entre le temps de la proposition principale et celui des subordonnées. En effet, selon le sens voulu, il faut respecter la chronologie :
Je crois que cette fille m'aime/m'aimait/m'aimera.

Les temps composés expriment l'antériorité par rapport à un moment donné (passé ou à venir), mais achevé :
Je t'assure que cette fille a été folle de moi.

Les conjonctions

Une conjonction sert à unir deux mots ou deux propositions entres elles. Il existe des conjonctions de coordination (mais, ou, et, donc, or, ni, car) **et des conjonctions de subordination** (que, quand, puisque, etc.).

Remarque : la conjonction « ou » s'écrit sans accent (elle peut être remplacée par « ou bien »), **contrairement à l'adverbe et le pronom relatif où.**

3

FRANÇAIS

Anatole, tu nous poses une colle !

Dans ce poème *Les arbres* d'Anatole France, 10 erreurs se sont glissées... corrigez-les !

Ô vous qui, dans la paix et la grâce fleuris,
Animez et les champs et vos forêts natales,
Enfants silencieux des races végétales,
Beaux arbres, de rosé et de soleil nourris,

La Volupté par qui toute race animée
Est conçu et se dresse à la clarté du jour,
La mère aux flans divins de qui sortit l'Amour,
Exale aussi sur vous son haleine embaummée.

Fils des fleurs, vous naissez comme nous du Désir,
Et le Désir, aux jours sacrés des fleurs écloses,
Sait rassembler votre âme éparse dans les choses,
Votre âme qui se cherche et ne se peux saisir.

Et, tout enveloppés dans la sourde matière
Au limon parternelle retenus par les pieds,
Vers la vie aspirant, vous la multiplier,
Sans achever de naître en votre vie entière.

MATHS

Géométrie ma chérie

Quoi de mieux pour réviser les bases de vos années collège qu'un petit exercice de géométrie ? Un cornet de glace, un plongeon dans piscine, un barbecue ? Oui, tout ça à la fois, mais on sait que vous pouvez vous lancer dans ce défi !

Soient le rectangle ABCD et le triangle AEB ci-contre tels que :
- A_{ABCD} = 48 m^2
- ED = 16 m
- AD = 8 m
- D, A, E alignés dans cet ordre.

Calculer la longueur EB.

HISTOIRE

C'était quand déjà ?

Au cours de notre vie, nous avons tous dû apprendre des dizaines de dates par cœur. Elles constituent notre passé et ont forgé notre présent. Et si on les revoyait ensemble ? Cap ou pas cap d'associer chaque événement à la date à laquelle il a eu lieu ?

1. La chute du mur de Berlin
2. La découverte de l'Amérique
3. La Première femme présidente au monde
4. L'édit de Nantes
5. L'attentat du Word Trade Center
6. La fin de la Révolution française
7. La libération de Paris pendant la Seconde Guerre mondiale
8. Jeanne d'Arc brûlée sur le bûcher
9. Le Brexit
10. L'abolition de la peine de mort en France

- a. 1598
- b. 1981
- c. 1944
- d. 1492
- e. 1799
- f. 2020
- g. 1930
- h. 2001
- i. 1989
- j. 1431

CULTURE GÉNÉRALE

Le maître du suspense

À l'occasion du 125e anniversaire de la naissance d'Hitchcock, nous vous avons préparé ce quiz pour tester vos connaissances de ce génie du cinéma !

1. **Quel film d'Hitchcock est connu pour sa célèbre scène de la douche ?**
   a. Psychose
   b. Les Oiseaux
   c. Sueurs froides

2. **Comment s'appelait son premier film qui n'a jamais pu être terminé ?**
   a. Number Thirteen
   b. Famous
   c. Gainsborough

3. **De quelle histoire s'est inspiré Hitchcock en réalisant son film Le Lodger ?**
   a. Le monstre du Lockness
   b. Ian Brady
   c. Jack L'éventreur

4. **Comment s'appelle le premier film en couleur réalisé par Hitchcock ?**
   a. La corde
   b. Lifeboat
   c. Amants du Capricorne

5. **De quel auteur s'est inspiré Hitchcock pour écrire la plupart de ses scénarios ?**
   a. Charles Dickens
   b. Agatha Christie
   c. Edgar Poe

6. **Combien de films Hitchcock a-t-il réalisé pour le cinéma ?**
   a. 13
   b. 44
   c. 54

7. **Quelle citation est celle d'Hitchcock ?**
   a. « Le cinéma, c'est toute ma vie. »
   b. « Les acteurs devraient être traités comme du bétail. »
   c. « Ce qui me fais le plus peur ? La mort. »

8. **Quel compositeur a beaucoup travaillé pour Alfred Hitchcock, en composant notamment la musique du film Vertigo en 1958 ?**
   a. Hans Zimmer.
   b. Bernard Herrmann.

9. **Quel est le titre original du film Sueurs froides ?**
   a. Vertigo
   b. Rear Window
   c. Strangers on a Train

10. **Quel est le titre du célèbre film d'Hitchcock dans lequel Grace Kelly joue le rôle d'une riche héritière ?**
    a. Fenêtre sur cour
    b. Sueurs froides
    c. La Main au collet

LITTÉRATURE

Ça nous rajeunit pas tout ça...

Il y a 50 ans nous quittait Marcel Pagnol. Nos souvenirs d'enfance se mêlent aux siens grâce à ses fameuses œuvres comme *La Gloire de mon père* et *Le Château de ma mère*. Il est temps de vous rafraîchir la mémoire : lesquelles de ces affirmations sont fausses, et lesquelles sont vraies ? À vos stylos !

1. Marcel Pagnol réalise son film *Manon des Sources* avant d'écrire le livre du même nom.
VRAI ou FAUX

2. Marcel Pagnol a été président du jury du festival de Cannes.
VRAI ou FAUX

3. *La Gloire de mon père* et *Le Château de ma mère* relèvent entièrement de la fiction.
VRAI ou FAUX

4. « Souvenirs d'enfance » est une série en deux tomes : *La Gloire de mon père* et *Le Château de ma mère*.
VRAI ou FAUX

5. *Le Château de ma mère* raconte ses souvenirs d'enfance dans le manoir que possédait sa mère.
VRAI ou FAUX

6. Dans le film éponyme de 1986, la jeune Manon des Sources est interprétée par Emmanuelle Béart.
VRAI ou FAUX

7. Marcel Pagnol n'a jamais été élu à l'Académie Française.
VRAI ou FAUX

8. « La Trilogie marseillaise » est l'appellation générique donnée aux trois pièces de théâtre tragiques de Marcel Pagnol, *Marius*, *Honorine* et *César*.
VRAI ou FAUX

9. *Jean de Florette* est le premier tome du diptyque « L'Eau des collines ».
VRAI ou FAUX

SCIENCES

Marie Curie

Envie de mieux connaître Marie Curie ? En 2024, on célèbre le 90e anniversaire de la mort de l'éminente scientifique, c'est l'occasion de tester vos connaissances.

1. En 1903, les époux Curie reçoivent le prix Nobel de physique grâce :
   a. À leurs recherches sur les radiations
   b. À leur découverte de la planète Uranus
   c. À leurs expériences sur le plutonium

2. Marie Curie est la première femme à :
   a. Avoir reçu la médaille de la légion d'honneur
   b. Avoir reçu le prix Nobel et, à ce jour, la seule personne à en avoir reçu deux
   c. Être à la fois physicienne et poétesse

3. Avant de devenir son mari, Pierre Curie était :
   a. Un fermier
   b. Un professeur d'astrophysique
   c. Chef des travaux de physique dans une école d'ingénieur

4. Pendant sa thèse universitaire, Marie Curie se consacre :
   a. À l'étude des rayons de Becquerel, découverts par Henri Becquerel
   b. À l'étude des rayons X découverts par Wilhelm Röntgen
   c. À l'étude du magnétisme

5. En décembre 1898, son mari et elle annoncent la découverte :
   a. Du radium
   b. De l'uranium
   c. Du pechblende

6. Lorsque la danseuse Loïe Fuller leur a demandé de lui créer un costume phosphorescent au radium, Marie et Pierre Curie ont :
   a. Accepté, mais la danseuse est morte sur scène à cause des radiations
   b. Refusé, mais sont par la suite devenus très bons amis avec la danseuse
   c. Refusé, ce qui leur a valu d'être détestés par les artistes parisiens

7. En mai 1906, Marie Curie :
   a. Renonce à la physique suite au décès de son mari
   b. Inaugure sa propre école de physique
   c. Devient la première femme professeur à la Sorbonne

8. Quand la première guerre mondiale éclate, Marie Curie met en place dix-huit unités chirurgicales mobiles, surnommées a posteriori les :
   a. « Petites Maries »
   b. « Petites Curies »
   c. « Petites Pierres »

GÉOGRAPHIE

Marco Polo, ce héros…

Cette année, nous célébrons les 700 ans de la mort de Marco Polo. Rien que ça… Retour sur l'odyssée de l'explorateur du « Devisement du monde » sur la route de la soie ! Entourez la bonne réponse.

1. Qui est Marco Polo ?
   a. Un empereur romain
   b. Un marchand vénitien
   c. Un entrepreneur florentin

2. En quelle année Marco Polo a-t-il découvert la Chine ?
   a. En 1252
   b. En 1268
   c. En 1275

3. Avec qui voyage-t-il ?
   a. Sa mère et sa sœur
   b. Son père et son oncle
   c. Son grand-père et son chien

4. Qu'est-ce que la Route de la soie ?
   a. Un réseau ancien de routes commerciales entre l'Asie et l'Europe
   b. La toute première autoroute reliant Venise à Pékin
   c. Une route blindée de chenilles de Bombyx

5. En quell année un navire a-t-il été appelé « Marco Polo » en son hommage ?
   a. En 1651
   b. En 1751
   c. En 1851

6. Quel désert Marco Polo parcoure-t-il avant d'arriver en Chine ?
   a. Le Sahara
   b. La Patagonie
   c. Le désert de Gobi

7. Comment s'appelle la Chine à cette époque ?
   a. Cambaluc
   b. Campaluc
   c. Cantaluc

8. Comment s'appelle l'empereur mongol pour qui travaille Marco Polo ?
   a. Choqu Kalan
   b. Gengis Khan
   c. Kubilaï Khan

9. Quel est l'autre nom du récit le « Devisement du monde » de Marco Polo ?
   a. *Le Livre des merveilles*
   b. *Le Livre des splendeurs*
   c. *Le Commerce pour les Nuls*

10. Qu'est-ce que Cipango dans son récit ?
   a. La Thaïlande
   b. Le Cambodge
   c. Le Japon

CULTURE GÉNÉRALE

K'allo Frida ?

Il y a 70 ans nous quittait Frida Kahlo. Grande icône de l'art et du féminisme, cette artiste a marqué la terre entière. Vous connaissez son nom ; mais savez-vous vraiment qui elle était ?

1. De quelle nationalité était Frida Kahlo ?
   a. Mexicaine
   b. Américaine
   c. Espagnole

2. Quelle était la principale forme d'art qu'elle pratiquait ?
   a. La peinture
   b. La danse
   c. La musique

3. Grâce à la peinture, l'artiste se relève d'un grave accident :
   a. D'équitation
   b. De bus
   c. De vélo

4. Actuel musée Frida Kahlo, la maison dans laquelle est née l'artiste s'appelle :
   a. La maison bleue
   b. La maison rouge
   c. Le refuge d'or

5. À la suite de leur mariage, Diego Rivera et Frida Kahlo s'installent en 1930 à :
   a. Paris pendant 10 ans
   b. Los Angeles pendant deux mois
   c. San Francisco pendant 3 ans

6. Après leur divorce en 1939, Frida et Diego :
   a. Ne se sont plus jamais parlé
   b. Se sont remariés l'un avec l'autre
   c. Se sont affrontés lors d'un long procès

7. Elle trouvait que les artistes surréalistes comme André Breton étaient des :
   a. « artistes minables »
   b. « génies incompris »
   c. « inspirations pour son art »

8. Son œuvre conséquente comporte :
   a. 56 tableaux dont 32 autoportraits
   b. 80 tableaux dont 35 autoportraits
   c. 143 tableaux dont 55 autoportraits

9. Quel est le thème récurrent dans ses œuvres ?
   a. La nature et les paysages
   b. Les scènes de genre urbaines
   c. L'exploration de sa propre identité et de sa douleur physique et émotionnelle

10. Quel élément distinctif retrouve-t-on fréquemment dans les autoportraits de Frida Kahlo ?
   a. Des fleurs dans les cheveux
   b. Un bandeau sur les yeux
   c. Des animaux de compagnie

JEUX DE LETTRES 1

Suivez les consignes à la lettre pour ces jeux de lettres et ça devrait passer comme une lettre à la poste !

1. Les mots coupés

Dans cette grille, des mots de six lettres ont été coupés ! À vous de les assembler comme bon vous semble pour reconstituer au moins 20 mots. À vos stylos.

TAN	MAN	GAL	ANT
TRA	NER	GLA	CER
TIR	MEN	GER	BER
VEN	PLA	INE	DOL

....
....
....
....
....

2. Anagrammes

Mélangez les lettres des mots ci-dessous pour former un autre mot ! Un indice : les mots à trouver sont tous un pays !

CHUTERAI : ....
ETIOLENT : ....
GALERIE : ....
INUSITÉ : ....
ISSUES : ....
LIBRES : ....
MÉTAL : ....
NIMBERAI : ....
SALUTAIRE : ....
SUSTENTAI : ....

3. Lettres mélangées

Les lettres ci-dessous ont été mélangées, pour chaque groupe de lettres essayez de reconstituer un maximum de mots !

a. Avec les lettres :

F – F – P – A – R –
E – V – B – R – I

* Trouvez au moins 4 mots de 7 lettres :
....
....
....
....

* Trouvez au moins 4 mots de 6 lettres :
....
....
....
....

* Trouvez au moins 4 mots de 5 lettres :
....
....
....
....

b. Avec les lettres :

U – I – M – N – S –
F – B – O – E – R

* Trouvez au moins 4 mots de 8 lettres :
....
....
....
....

* Trouvez au moins 4 mots de 7 lettres :
....
....
....
....

* Trouvez au moins 4 mots de 6 lettres :
....
....
....
....

c. Avec les lettres :

E – L – G – T – N –
E – A – R – N – U

* Trouvez au moins 4 mots de 8 lettres :
....
....
....
....

* Trouvez au moins 4 mots de 7 lettres :
....
....
....
....

* Trouvez au moins 4 mots de 6 lettres :
....
....
....
....

4. Les mots coupés

Dans cette grille, des mots de six lettres ont été coupés ! À vous de les assembler comme bon vous semble pour reconstituer au moins 20 mots. À vos stylos.

TER	PON	GLA	CAN
VOL	TAM	PIN	EPU
TON	RER	OPE	CER
TES	POU	ISE	CAR

FRANÇAIS

T'es en CDD ou COD ?

Maintenant, on connaît les CDD, les CDI... Mais qui se souvient des COD et COI ? On te met à l'épreuve avec ce petit exercice. Sauras-tu déterminer si les mots en italique sont des compléments d'objet directs ou compléments d'objet indirects ? Entoure la bonne réponse.

1. J'ai parlé *de toi* à mon patron.
   COD OU COI

2. Je *t'*ai emprunté un livre hier.
   COD OU COI

3. Elle est partie chercher *sa fille* à l'école.
   COD OU COI

4. Elle m'a parlé *de son enfance*.
   COD OU COI

5. Je prends *la voiture* tous les jours pour aller au travail.
   COD OU COI

6. Je *les* ai appelés il y a une semaine.
   COD OU COI

7. Je suis en train d'organiser *mon prochain voyage*.
   COD OU COI

8. Elle se souvient *de toi*.
   COD OU COI

9. Tu ressembles *à ma cousine*.
   COD OU COI

10. La tempête a renversé *un arbre*.
    COD OU COI

MATHS

Braderie d'été

Un magasin possède 252 jeans bleus et 162 jupes rouges. Il cherche à organiser une vente groupée de produits. Il souhaite vendre des lots comportant chacun le même nombre de jeans et le même nombre de jupes, et vendre des lots comportant le moins d'habits possible.

1. Décomposer 252 et 162 en produit de facteurs premiers, et en déduire leur PGDC. Quel est le nombre de lots que peut vendre le magasin en respectant les contraintes qu'il s'est fixées ?

   ....
   ....
   ....

2. Déterminer la composition de ces lots.

   ....
   ....
   ....

HISTOIRE

Chuuuuttt... Berlin Calling !

On célèbre, cette année, les 35 ans de la chute du mur de Berlin ; eh oui, c'était pas si loin... Retour sur les années sombres de l'histoire du mur de la honte, symbole phare de la guerre froide.

1. En quelle année est construit le mur de Berlin ?
 a. En 1951
 b. En 1961
 c. En 1971

2. À quoi sert-il ?
 a. À interdire le passage des Berlinois de l'est à l'ouest de la ville
 b. À faire du sport, c'est un mur d'escalade
 c. À faire joli, c'est une œuvre d'art

3. Qui dirige la RDA de 1976 à 1989 ?
 a. Walter Ulbricht
 b. Helmut Schmidt
 c. Erich Honecker

4. Comment s'appelle le point de passage le plus célèbre du mur ?
 a. Checkpoint Charlie
 b. Checkpoint Charlot
 c. Checkpoint Berlin security

5. Quelle est la longueur du mur de Berlin ?
 a. 135 km
 b. 145 km
 c. 155 km

6. Quelle est sa hauteur ?
 a. 3,60 m
 b. 5,60 m
 c. 8,60 m

7. Quel président américain prononce le célèbre « Ich bin ein Berliner » ?
 a. John Fitzgerald Kennedy
 b. George Washington
 c. Donald Trump

8. À quoi correspond la date du 26 décembre 1991 ?
 a. À la chute du mur de Berlin
 b. À la réunification de l'Allemagne
 c. À la dislocation de l'URSS

9. Durant combien de temps Berlin est scindé en deux ?
 a. 18 ans
 b. 28 ans
 c. 38 ans

10. Quel artiste réalise le graffiti « Baiser fraternel » sur les vestiges du mur en 1990 ?
 a. Dmitri Vrubel
 b. Darco
 c. Banksy

CULTURE GÉNÉRALE

3... 2... 1... Ça tourne !

Il y a 10 ans (déjà !) sortaient ces grands films du cinéma. On se rappelle toujours des noms des acteurs ; Ben Affleck dans *Gone Girl*, Scarlett Johansson dans *Lucy*... Mais saurez-vous retrouver ceux des réalisateurs ?

BRYAN SINGER • CHRISTOPHER NOLAN • DAVID FINCHER • JALIL LESPERT • LUC BESSON • STEVE MCQUEEN • WES ANDERSON • WES BALL

A. _____

B. _____

C. _____

D. _____

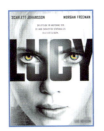
E. _____

F. _____

G. _____

H. _____

LITTÉRATURE

Françoise Sagan

C'est sans conteste l'une des femmes de lettre les plus talentueuses que nous allons étudier aujourd'hui. Avec son beau palmarès, Françoise Sagan a marqué le XXᵉ siècle. Saurez-vous répondre à ce quiz sur sa vie et ses œuvres ?

1. En quelle année Françoise Sagan est-elle décédée ?
   a. 1998
   b. 2001
   c. 2004

2. Pour quel motif a-t-elle fait l'objet d'une condamnation ?
   a. Harcèlement
   b. Évasion fiscale
   c. Escroquerie

3. Quel prix littéraire n'a-t-elle jamais reçu ?
   a. Le Prix Pince-de-Monaco
   b. Le Prix du Brigadier
   c. Le Prix Médicis

4. À combien d'exemplaires s'est vendu son premier roman *Bonjour tristesse*, l'année de sa sortie ?
   a. Près De 1 000 000
   b. Près de 500 000
   c. Près de 100 000

5. Complétez le titre suivant : « *Le Garde...*
   a. ... du cœur »
   b. ... du ciel »
   c. ... de l'amour »

6. Que n'a jamais écrit Françoise Sagan ?
   a. Du théâtre
   b. Des chansons
   c. Des fables

7. En quelle année, la réalisatrice Diane Kurys consacre-t-elle un film biographique à Françoise Sagan ?
   a. En 1988
   b. En 1998
   c. En 2008

8. Combien de romans de Françoise Sagan ont été adaptés à l'écran ?
   a. 12
   b. 14
   c. 16

9. Dans quelle maison d'édition n'a-t-elle jamais été publiée ?
   a. Hachette
   b. Flammarion
   c. Gallimard

10. Pour quel journal Françoise Sagan a-t-elle travaillé ?
    a. *Le Figaro*
    b. *L'Express*
    c. *Le Monde*

SCIENCES

Vous avez sans doute déjà eu l'occasion d'observer des éclipses, mais que savez-vous vraiment de ce phénomène ? Testez-vous avec ce vrai ou faux !

1. Les éclipses lunaires ont lieu tous les cent ans.
   VRAI OU FAUX

2. Une éclipse se produit quand la Lune, la Terre et le Soleil sont parfaitement alignés.
   VRAI OU FAUX

3. Une éclipse de Soleil se produit lorsque la Lune se trouve entre le Soleil et la Terre.
   VRAI OU FAUX

4. Éclipse et nouvelle Lune sont des synonymes.
   VRAI OU FAUX

5. Une éclipse dure approximativement entre 2 et 4 jours.
   VRAI OU FAUX

6. Environ 4 à 7 éclipses ont lieu par an.
   VRAI OU FAUX

7. Il est dangereux de regarder une éclipse solaire sans lunettes.
   VRAI OU FAUX

8. Pendant une éclipse lunaire, la Lune devient rouge à cause de l'ombre de la Terre projetée sur elle.
   VRAI OU FAUX

9. Pendant une éclipse, l'humanité entière peut l'admirer en même temps.
   VRAI OU FAUX

10. À cause du réchauffement climatique, il y aura de moins en moins d'éclipses.
    VRAI OU FAUX

GÉOGRAPHIE

Destination voyage !

On sait tous que « vacances » rime avec « voyage », mais pour se déplacer, il faut connaître la distance qui nous sépare de notre lieu d'arrivée. Pourrez-vous associer le bon kilométrage à vol d'oiseau à ces trajets ?

1. Paris – Strasbourg
2. Moscou – Berlin
3. Édimbourg – Londres
4. Amsterdam – Hambourg
5. Toulouse – Milan
6. Rennes – Zurich
7. Lille – Perpignan
8. Vérone – Belgrade
9. Hanoï – Shanghai
10. Copenhague – Stockholm

a. 534 km
b. 647 km
c. 883 km
d. 745 km
e. 1698 km
f. 522 km
g. 768 km
h. 365 km
i. 397 km
j. 1925 km

CULTURE GÉNÉRALE

On va faire un tour sur Pandora ?

À l'occasion de la sortie d'Avatar : la voie de l'eau l'an passé, et de celle à venir du troisième opus, nous vous proposons de tester vos connaissances sur la saga !

1. L'intrigue d'Avatar se passe :
a. Sur Terre, dans un futur lointain suite à une invasion extraterrestre
b. Sur une planète lointaine, que les hommes veulent coloniser afin d'en extraire certaines ressources
c. Dans un vaisseau spatial

2. Au début du premier volet, le personnage principal :
a. Est un Na'vi, soit un indigène venant de Pandora
b. Est un sergent, déterminé à tuer tous les indigènes de Pandora
c. Est un ancien militaire qui tombe amoureux d'une native de Pandora

3. Les Na'Vis sont :
a. Plus petits que les humains et ont la peau verte
b. Plus grands que les humains et ont la peau bleue
c. De la même taille que les humains et ont la même teinte de peau

4. Selon les croyances Na'Vis :
a. Tous les êtres ont une âme et sont connectés les uns aux autres
b. Les humains sont arrivés pour les sauver, et ont été envoyés par leur divinité
c. Après leur mort, ils se réincarnent en humains

5. Comment s'appelle l'ennemi du protagoniste ?
a. Norm Spellman
b. Colonel Miles Quaritch
c. Neytiri

6. Comment s'appelle la divinité à laquelle croient les Na'Vis ?
a. Eywa
b. Dieu
c. Mela

7. Dans le deuxième volet de la saga, comment s'appelle le clan qui accueille la famille de Jake Sully ?
a. Omaticaya
b. Patayana
c. Metkayina

8. Le personnage de Grace Augustine, docteure en charge du programme Avatar, est interprété par l'actrice :
a. Sigourney Weaver
b. Michelle Rodriguez
c. Zoe Saldana

9. Dans le deuxième film, comment s'appellent les enfants qu'élèvent Jake et Neytiri ?
a. Neteyam, Lo'ak, Tuktirey, Spider et Kiri
b. Aonung, Jake, Lo'ak, Payakan, et Kiri
c. Neteyam, Grace, Ronal, Tsu'tey, et Spider

10. Quel compositeur est à l'origine de la bande originale de la saga ?
a. Hans Zimmer
b. Max Richter
c. James Horner

L'UNION EUROPÉENNE

Depuis sa création, 27 pays ont rejoint l'Union européenne, un accord politico-économique fondé sur la base du traité de Maastricht signé au Pays-Bas. Mais alors que la France en est l'un des pays fondateurs, saurez-vous replacer les autres ainsi que leurs capitales sur la carte ?

LISTE DES PAYS :

ALLEMAGNE • AUTRICHE • BELGIQUE • BULGARIE • CHYPRE • CROATIE • DANEMARK • ESPAGNE • ESTONIE • FINLANDE • FRANCE • GRÈCE • HONGRIE • IRLANDE • ITALIE • LETTONIE • LITUANIE • LUXEMBOURG • MALTE • PAYS-BAS • POLOGNE • PORTUGAL • RÉPUBLIQUE TCHÈQUE • ROUMANIE • SLOVAQUIE • SLOVÉNIE • SUÈDE.

LISTE DES CAPITALES :

AMSTERDAM • ATHÈNES • BERLIN • BRATISLAVA • BRUXELLES • BUCAREST • BUDAPEST • COPENHAGUE • DUBLIN • HELSINKI • LA VALETTE • LISBONNE • LJUBLJANA • LUXEMBOURG • MADRID • NICOSIE • PARIS • PRAGUE • RIGA • ROME • SOFIA • STOCKHOLM • TALLINN • VARSOVIE • VIENNE • VILNIUS • ZAGREB.

1. Pays : ....
   Capitale : ....

2. Pays : ....
   Capitale : ....

3. Pays : ....
   Capitale : ....

4. Pays : ....
   Capitale : ....

5. Pays : ....
   Capitale : ....

6. Pays : ....
   Capitale : ....

7. Pays : ....
   Capitale : ....

8. Pays : ....
   Capitale : ....

9. Pays : ....
   Capitale : ....

10. Pays : ....
    Capitale : ....

11. Pays : ....
    Capitale : ....

12. Pays : ....
    Capitale : ....

13. Pays : ....
    Capitale : ....

14. Pays : ....
    Capitale : ....

15. Pays : ....
    Capitale : ....

16. Pays : ....
    Capitale : ....

17. Pays : ....
    Capitale : ....

18. Pays : ....
    Capitale : ....

19. Pays : ....
    Capitale : ....

20. Pays : ....
    Capitale : ....

21. Pays : ....
    Capitale : ....

22. Pays : ....
    Capitale : ....

23. Pays : ....
    Capitale : ....

24. Pays : ....
    Capitale : ....

25. Pays : ....
    Capitale : ....

26. Pays : ....
    Capitale : ....

27. Pays : ....
    Capitale : ....

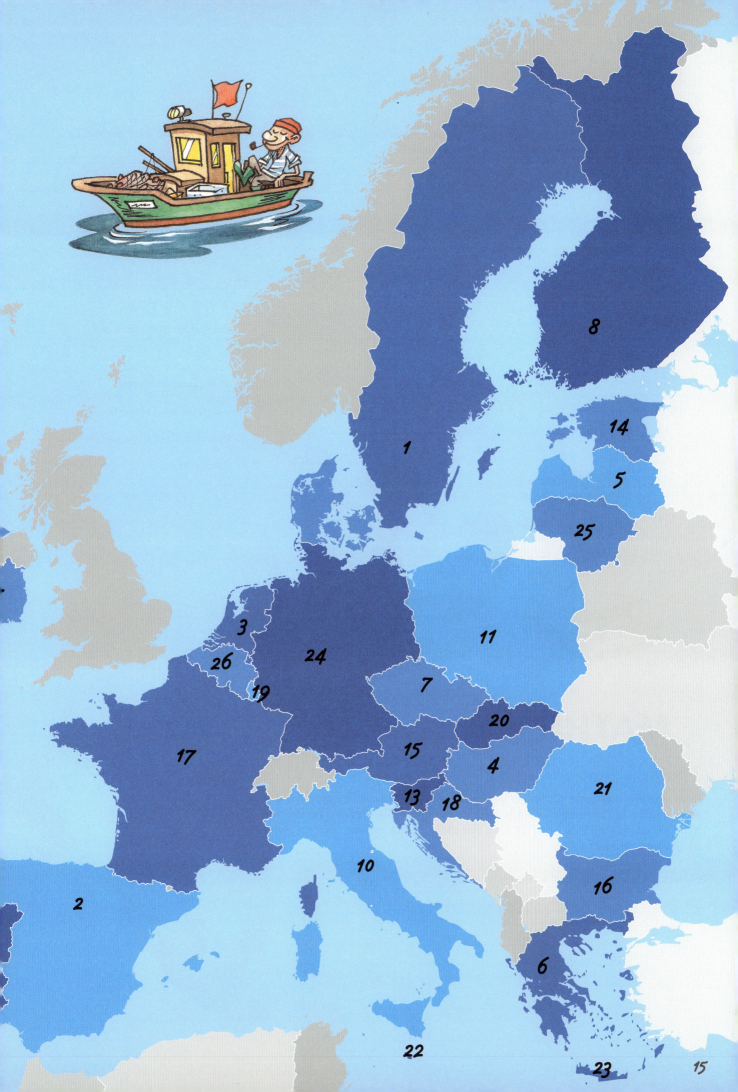

FRANÇAIS

Jeu du dico

L'été, c'est le meilleur moment pour enrichir son vocabulaire et impressionner tout le monde à la rentrée ! Connaissez-vous les définitions des mots suivants ?

1. Abhorrer
2. Fébricule
3. Capiteux
4. Médire
5. Alêne
6. Carnation
7. Scotomisation
8. Amnistie
9. Clepsydre
10. Babiller

a. Suppression rétroactive d'une condamnation
b. Nuire à la réputation d'une personne en tenant des propos malveillants à son sujet
c. Légère poussée de fièvre
d. Objet utilisé comme horloge dans l'Antiquité grâce à un système d'eau
e. Coloration du teint de la peau
f. Détester
g. Parler sans grand intérêt
h. Outil qui sert à percer le cuir
i. Déni inconscient d'une pénible réalité
j. Caractéristique d'une odeur enivrante

MATHS

Maxou le casse-cou

Pour épater la galerie et ajouter une petite touche estivale à son skateboard, Maxou dit « le casse-cou » décide d'y ajouter une voile. Celle-ci forme un triangle isocèle ABC de base [BC]. La parallèle à (AC) passant par un point P de [BC] coupe (AB) en Q.

Prouvez que le triangle BPQ est isocèle.

....
....
....
....

16

HISTOIRE

Le débarquement

Retour sur le débarquement en Normandie, opération militaire amphibie et aéroportée de la Seconde Guerre mondiale. Entourez la bonne réponse les amis !

1. **Quand a lieu le débarquement des forces alliées en Normandie ?**
   a. Le 6 juin 1944
   b. Le 6 juillet 1944

2. **Quel est le nom de cet événement en anglais ?**
   a. Le D-Day
   b. Le Day day

3. **Quelles sont les grandes forces alliées ?**
   a. Les Américains, les Polonais et les Allemands
   b. Les Américains, les Canadiens et les Britanniques

4. **Quel est le nom de code du débarquement ?**
   a. Overlord
   b. Overboard

5. **Comment s'appelle cette plage du débarquement en Normandie ?**
   a. Obama beach
   b. Omaha beach

6. **Sur les plages de quelle région une opération militaire est menée au même moment ?**
   a. En Bretagne
   b. Sur la Côte d'Azur

7. **Sur combien de plages se déroule le débarquement ?**
   a. 3
   b. 5

8. **Quel est le bilan humain de la bataille de Normandie ?**
   a. 10 000 civils tués
   b. 20 000 civils tués

9. **Comment s'appelle le volet maritime de l'opération ?**
   a. Neptune
   b. Saturne

10. **Comment s'appelle le film avec John Wayne sur le débarquement ?**
    a. *Il faut sauver le soldat Ryan*
    b. *Le Jour le plus long*

CULTURE GÉNÉRALE

C'est pas Versailles ici !

Cette année, on fête le 200e anniversaire de la naissance de Kant. À l'occasion, on vous a préparé un quiz au sujet du siècle des Lumières. Philosophes en herbe, à vos stylos !

1. **Pourquoi parler du siècle des « Lumières » ?**
   a. Car les philosophes des lumières ont inventé l'électricité
   b. Parce que cette période suit celle du Moyen Âge et des « ténèbres » de l'ignorance
   c. Car le mouvement philosophique était mené par Jean Lumière

2. **Lequel de ces événements n'a pas contribué à la naissance du siècle des Lumières ?**
   a. La multiplication des salons littéraires
   b. La diffusion des théories de Newton
   c. La prise de la Bastille

3. **Quel événement marque le début du siècle des Lumières ?**
   a. La mort de Louis XIV
   b. L'affaire Calas
   c. La Révolution française

4. **Quelle est l'œuvre la plus emblématique du siècle des Lumières ?**
   a. *Zadig*
   b. *L'Encyclopédie*
   c. *Les Lettres persanes*

5. **Dans *Candide*, quel philosophe optimiste est tourné en ridicule par Voltaire, sous les traits de Pangloss ?**
   a. Kant
   b. Rousseau
   c. Leibniz

6. **Qui est l'auteur de *L'Émile ou De l'éducation* ?**
   a. Voltaire
   b. Rousseau
   c. Diderot

7. **Quel philosophe a écrit qu'il faut « éclairer chaque chose à la lumière de la raison » ?**
   a. d'Alembert
   b. Diderot
   c. Voltaire

8. **Quelle théorie politique Montesquieu défend-t-il ?**
   a. La séparation des pouvoirs
   b. La monarchie absolue
   c. L'anarchie

9. **Qui sont les deux directeurs de *L'Encyclopédie* ?**
   a. Voltaire et Montesquieu
   b. Diderot et Montesquieu
   c. Diderot et d'Alembert

10. **Quelle femme de lettres écrit en 1791 la Déclaration des droits de la femme et de la citoyenne ?**
    a. Olympe de Gouges
    b. Émilie du Châtelet
    c. Louise d'Épinay

LITTÉRATURE

10 ans déjà !

Ces romans sont sortis il y a exactement 10 ans. Saurez-vous placer le nom de l'auteur sous le livre correspondant ?

STEPHEN KING • LYDIE SALVAYRE • AMÉLIE NOTHOMB • BERNARD WERBER • MICHEL BUSSI • LEÏLA SLIMANI • GUILLAUME MUSSO • MAXIME CHATTAM • MAYLIS DE KERANGAL • DAVID FOENKINOS

1. .... 2. .... 3. .... 4. .... 5. ....

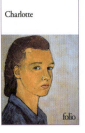    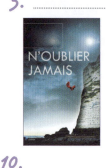

6. .... 7. .... 8. .... 9. .... 10. ....

SCIENCES

Le corps humain

Nous avons beau être 8 milliards sur Terre, le corps humain reste la chose la plus fascinante et la plus mystérieuse qui puisse exister. Qu'y a-t-il vraiment sous toutes ces couches de peau ? Serez-vous en mesure de répondre à ce quiz sans faire d'erreurs ?

1. De combien d'os le squelette adulte est-il composé ?
a. 103
b. 92
c. 206

2. Quel est l'os le plus solide du corps ?
a. Le tibia
b. Le fémur
c. Le crâne

3. Quelle est la plus grosse artère du corps humain ?
a. La carotide
b. L'aorte abdominale
c. L'artère fémorale

4. Le coude est...
a. Une articulation
b. Un os
c. Un tendon

5. Quelle est la fracture la plus courante ?
a. Fracture de la cheville
b. Fracture des orteils
c. Fracture du poignet

6. Quelles cellules du sang transportent l'oxygène à travers le corps ?
a. Les globules blancs
b. Les globules rouges
c. Les plaquettes

7. Laquelle de ces blessures est la plus courante chez les footballeurs ?
a. La fracture de la cheville
b. L'élongation musculaire
c. La rupture des ligaments croisés

8. Combien de dents un adulte possède-t-il, en comptant les dents de sagesse ?
a. 32
b. 28
c. 36

9. Les ongles sont composés essentiellement de la même fibre que...
a. Les cheveux
b. La peau
c. Les ligaments

10. Dans quelle partie du corps humain se situe le plus petit muscle ?
a. Le nez
b. L'oreille
c. La langue

GÉOGRAPHIE

Direction l'Afrique

L'heure de voyager est arrivée ! Dans le monde, il y a 5 continents, 5 océans et 195 pays, dont 55 sur le territoire africain. Serez-vous en mesure de reconnaitre leurs drapeaux ?

1. .... 2. .... 3. .... 4. .... 5. ....

6. .... 7. .... 8. .... 9. .... 10. ....

CULTURE GÉNÉRALE

Notre Charles préféré

Il y a 100 ans naissait Charles Aznavour. Grande icône de la variété française, ses tubes sont aimés de tous. Saurez-vous lui faire honneur en répondant à ce quizz ?

1. **Quelle grande chanteuse française le prend sous son aile au début de sa carrière ?**
   a. Dalida
   b. Édith Piaf
   c. Barbara

2. **Complétez ces paroles d'*Hier encore* : « hier encore, j'avais vingt ans, je caressais le temps... » :**
   a. Je flemmardais au lit
   b. J'ai joué de la vie
   c. J'avais beaucoup d'amis

3. **Quelle femme de lettres signe les paroles de *Que c'est triste Venise* en 1964 ?**
   a. Françoise Dorin
   b. Nathalie Sarraute
   c. Françoise Sagan

4. **Quelle chanson débute ainsi : « Un beau matin, je sais que je m'éveillerai différemment de tous les autres, et mon cœur délivré enfin de notre amour » ?**
   a. Il faut savoir
   b. Mourir d'aimer
   c. Et pourtant

5. **Laquelle de ces trois chansons n'est pas de Charles Aznavour ?**
   a. Que c'est triste Venise
   b. Tu t'laisses aller
   c. Avec le temps

6. **Qu'a fait le chanteur en 1989 ?**
   a. Il a chanté à Berlin lors de la chute du Mur
   b. Il a écrit une chanson pour aider les victimes du séisme en Arménie
   c. Il s'est exilé en Suisse pour des raisons fiscales

7. **Lors de ses premiers pas sur scène en 1933, il est :**
   a. Mime
   b. Pianiste
   c. Comédien

8. **Quel tube Charles Aznavour a-t-il écrit pour Johnny Hallyday ?**
   a. Retiens la nuit
   b. Ma gueule
   c. Que je t'aime

9. **Charles Aznavour a écrit ou coécrit plus de :**
   a. 500 chansons
   b. 1000 chansons
   c. 2000 chansons

10. **En parallèle à la musique, il mène aussi une carrière :**
    a. D'acteur
    b. De danseur
    c. De tennisman

SUDOKUS

Les règles du sudoku sont simples : une grille de sudoku contient neuf lignes et neuf colonnes, donc 81 cases au total. En partant des chiffres déjà inscrits, remplissez les grilles de manière que chaque ligne, chaque colonne et chaque carré de 3 x 3 contienne une seule et unique fois tous les chiffres de 1 à 9. À vous de remplir ces grilles réparties selon quatre niveaux : facile, moyen, difficile et expert.

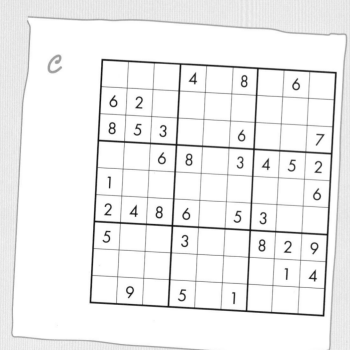

E

			3				9	5
1				7		8	4	
		8		5	9		7	
	8		7				6	1
		3				9		
9	1				2		3	
	5		8	6		7		
	6	1		2				9
8	4				7			

F

				5			6	3
	5			6				
	4	6	3			8	5	
			8	9		1	7	5
5		7				2		4
4	1	8	5	2				
	6	3			2	5	1	
				1		6		
1	5			7				

G

	6	9	1	4			5	
			5			4		7
	4		3		7			
3	7		2					6
				3				
6					9		2	8
			4		3		7	
2		3			1			
	9		6	5	1	3		

H

	8		4	1				
2		4					7	
	6		3	8	7	2		4
			8					2
8			1		5			7
6					2			
3		5	7	2	9		8	
	2						9	5
			4	5		7		

21

FRANÇAIS

Brevet de dictée

La dictée est tellement à la mode qu'une épreuve lui est consacrée au Brevet des collèges. Avez-vous le niveau ? C'est le moment de vérifier en corrigeant la dictée du jeune Jean-Kevin au Brevet des collèges 2023. Prenez un stylo rouge et lâchez-vous !

« Je me souviens d'un jour d'automne ou, le dîner étant servi, la nuit s'était faite dans la chambre. Ma cousine et moi nous poursuivions l'une l'autre à travers les arbres, c'est à dire sous les plis du rideau. L'appartement avait disparu à nos yeux et nous étions véritablement dans un sombre paysage a l'entrée de la nuit.
On nous appellait pour dîner et nous n'entendions rien.
Ma mère vint me prendre dans ces bras pour me porter à table et je me rappelerai toujours mon étonement en voyant les objets réels qui m'environnait. Je sortais d'une halluscination complète et il me coutait dans sortir si brusquement. »

Histoire de ma vie, George Sand, 1855.

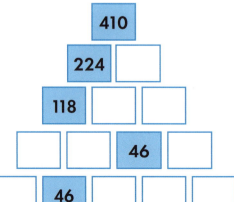

MATHS

Énigma(théma)tique...

À travers ces trois énigmes numériques, on fait travailler sa logique et son côté pragmatique ! Le niveau est très facile (à facile/intermédiaire) pour celles et ceux pour qui les mathématiques restent un grand mystère !

Énigme 1

Prendre 1000 et y ajouter 40. Ajouter 1000.
Ajouter encore 30 et à nouveau 1000.
Ajouter 20. Ajouter 1000, puis 10.
Retirer 4000, puis 100.
Ajouter 2, puis retirer 1

Quel est le total ?

....

Énigme 2

Complétez la pyramide de façon à ce que chaque case contienne la somme des deux cases qui se trouvent au-dessous.

Énigme 3

Trouvez un nombre entier de 4 chiffres supérieur à 1000 tel qu'en le multipliant par 4, on retrouve ce nombre renversé.

HISTOIRE
La Première Guerre mondiale

Ce conflit militaire a été l'un des plus violents et meurtriers du xxe siècle. Aussi appelée « Grande Guerre », il s'étend sur plusieurs continents et dure plus de 4 ans. Mais en savez-vous un peu plus sur cet événement marquant de l'histoire ?

1. À quelle date a eu lieu l'attentat qui a déclenché la Première Guerre mondiale ?
   a. 28 mars 1914
   b. Le 28 juin 1914
   c. Le 28 septembre 1914

2. Où a débuté le conflit ?
   a. En Europe de l'Est
   b. En Europe de l'Ouest
   c. Au sud de l'Europe

3. Quel pays constituaient la « Triple-Entente » ?
   a. La France, le Royaume-Uni et l'Italie
   b. La France, l'Allemagne et le Royaume-Uni
   c. La France, le Royaume-Uni et la Russie

4. Combien de temps a duré la bataille de Verdun en 1916 ?
   a. Près de 8 mois
   b. Près de 10 mois
   c. Près d'un an

5. Quel surnom donnait-on aux soldats des tranchées pendant la Première Guerre mondiale ?
   a. Les poilus
   b. Les sans-culottes
   c. Les fantômes

6. Qui était le Président de la République française durant la Première Guerre mondiale ?
   a. Armand Fallières
   b. Paul Deschanel
   c. Raymond Poincaré

7. Quel nom ne portait pas la Première Guerre mondiale ?
   a. Guerre des tranchées
   b. Guerre Froide
   c. Grande Guerre

8. Quel traité marque la fin de la Première Guerre mondiale ?
   a. Le traité de Versailles
   b. Le traité de Sèvres
   c. Le traité de Saint-Germain-en-Laye

9. Quelle ville a connu l'attentat aboutissant à la guerre ?
   a. Belgrade
   b. Munich
   c. Sarajevo

10. Lequel de ces pays n'était pas membre des Alliés ?
   a. La Grèce
   b. Le Brésil
   c. La Bulgarie

CULTURE GÉNÉRALE
Formule 1

Considérée comme la catégorie reine des sports automobiles, la Formule 1 continue de faire vibrer les foules et chauffer la gomme... À défaut de pouvoir prendre le volant d'une monoplace, testez vos connaissances !

1. Combien de Grands Prix sont inscrits au calendrier du championnat du monde 2024 de Formule 1 ?
   a. 20
   b. 22
   c. 24

2. Quel film hollywoodien met en scène la rivalité entre James Hunt et Niki Lauda ?
   a. *Rush*
   b. *Grand Prix*
   c. *Cars*

3. Coup d'œil dans le rétro : établissez le classement des constructeurs de F1 en 2023 en les numérotant :

   ○ Alfa Romeo Racing
   ○ Alpha Tauri
   ○ Alpine
   ○ Aston Martin
   ○ Ferrari
   ○ Haas F1 Team
   ○ McLaren
   ○ Mercedes
   ○ Red Bull Racing
   ○ Williams

4. Combien de fois, Lewis Hamilton a-t-il gagné le titre de champion du monde de F1 ?
   a. 6
   b. 7
   c. 8

5. Dans les conditions optimales, à combien de km/h peuvent monter les monoplaces de F1 ?
   a. 360 km/h
   b. 350 km/h
   c. 340 km/h

6. Sur quel circuit Max Verstappen a-t-il gagné son premier Grand Prix ?
   a. Spielberg, Autriche (2018)
   b. Kuala Lumpur, Malaisie (2017)
   c. Barcelone, Espagne, (2016)

7. Quel patron d'écurie a dit : « Je ne pilote pas des voitures de course. Je pilote des gens qui font rouler des voitures de course » ?
   a. Christian Horner
   b. Frédéric Vasseur
   c. Toto Wolff

LITTÉRATURE

Citations célèbres

De nombreux auteurs ont marqué l'histoire de la littérature et continuent de nous guider au quotidien à travers de célèbres phrases inspirantes qu'ils ont prononcées un jour. Reliez-les à leur auteur.

1. « Être ou ne pas être : là est la question. »
2. « La vie est la somme de tous vos choix. Alors, que faites-vous aujourd'hui ? »
3. « Un seul être vous manque et tout est dépeuplé. »
4. « Il n'y a point de bonheur sans courage, ni de vertu sans combat. »
5. « Lire, c'est boire et manger. L'esprit qui ne lit pas maigrit comme le corps qui ne mange pas. »
6. « Vivre, c'est vieillir, rien de plus. »
7. « Fais de ta vie un rêve, et d'un rêve, une réalité. »
8. « Ce qui paraît n'est presque jamais la vérité. »
9. « Pour devenir grand, regarde le ciel. »
10. « La critique est plus facile que la pratique. »

a. Jean-Jacques Rousseau
b. Victor Hugo
c. Antoine de Saint-Exupéry
d. William Shakespeare
e. Simone de Beauvoir
f. Madame de La Fayette
g. Albert Camus
h. George Sand
i. Madame de Sévigné
j. Alphonse de Lamartine

SCIENCES

Le vrai/faux des végétaux !

À l'heure où vivre avec la nature est devenu LE *lifestyle* par excellence des influenceurs les plus tendance, *Le cahier de vacances* vous met au défi avec ce vrai/faux sur les végétaux… Entourez la bonne réponse.

1. Le hêtre est l'arbre le plus répandu en France.
   VRAI ou FAUX

2. Les plantes vivaces vivent et fleurissent durant plusieurs années.
   VRAI ou FAUX

3. Le millepertuis, le curcuma et le ginseng rendent heureux.
   VRAI ou FAUX

4. L'edelweiss pousse en haute montagne.
   VRAI ou FAUX

5. Les fleurs de soucis ne sont pas comestibles.
   VRAI ou FAUX

6. Les champignons ne sont pas des plantes.
   VRAI ou FAUX

7. Le buis n'est absolument pas toxique pour l'homme.
   VRAI ou FAUX

8. Il faut environ 150 fleurs pour produire un gramme de safran.
   VRAI ou FAUX

9. La valériane est un anxiolytique naturel.
   VRAI ou FAUX

10. L'aloe vera fait partie de la famille des Asphodelaceae.
    VRAI ou FAUX

GÉOGRAPHIE

Cap sur la Bretagne !

On a toutes et tous un peu de Bretagne en nous, non ? Et niveau géo, on est bons ? Testez vos connaissances et votre Breizh attitude en entourant la bonne réponse, comme d'habitude !

1. **Combien y a-t-il de départements bretons ?**
   a. 4
   b. 5

2. **Quel est le point culminant de la Bretagne ?**
   a. Le Roc'h Ruz
   b. Le Roc'h Trédudon

3. **Sous quel nom est connu le célèbre drapeau breton ?**
   a. Degemer mat
   b. Gwenn ha Du

4. **Quels sont les trois cours d'eau qui traversent la ville de Quimper ?**
   a. L'Odet, le Steïr et le Frout
   b. La Rance, L'Arguenon et La Vilaine

5. **Combien y a-t-il d'habitants à Rennes ?**
   a. Environ 122 000 habitants
   b. Environ 222 000 habitants

6. **Qu'est-ce qu'un aber ?**
   a. Un vestige archéologique englouti sous la mer
   b. La partie inférieure d'une vallée envahie par la mer

7. **Quelle est la plus grande des îles du golfe du Morbihan ?**
   a. L'île aux Moines
   b. L'île Louët

8. **Quel est le point le plus à l'ouest de la Bretagne continentale ?**
   a. La pointe de Corsen
   b. La Pointe du Raz

9. **Quelle est la préfecture des Côtes d'Armor ?**
   a. Guingamp
   b. Saint-Brieuc

10. **Quelle ville du Finistère est célèbre pour sa cité fortifiée ?**
    a. Concarneau
    b. Morlaix

11. **Dans quel département se trouve l'Île d'Ouessant ?**
    a. Le Finistère
    b. Le Morbihan

12. **Comment appelle-t-on les habitants de la ville de Pabu dans les Côtes d'Armor ? (non, non j'ai pas bu, hein !)**
    a. Les Pabuais
    b. Les Pabuins

CULTURE GÉNÉRALE

Le karaoké de l'été

Prêt à passer l'été en musique ? Dans la voiture, sur la plage ou en soirée, il est temps de s'assurer que vous n'avez pas oublié les paroles des incontournables de l'été ! Complétez les paroles manquantes.

1. ***La Isla Bonita d'Alizée***
   Tropical the island breeze
   All of nature ……………………… and ………………………
   This is where I long to be
   La isla bonita

2. ***Les démons de minuit d'Images***
   J'ai besoin
   De trouver quelqu'un
   J'veux pas ………………………
   Je cherche un peu de chaleur
   À ……………………… dans mon cœur

3. ***La Bamba de Los Lobos***
   Para bailar la bamba
   Para bailar la bamba se ……………………… una poca de gracia
   Una poca de ……………………… pa' mí pa' ti ah y arriba y arriba

4. ***Je veux de ZAZ***
   Donnez-moi une suite au Ritz, je n'en veux pas !
   Des bijoux de chez ……………………… je n'en veux pas !
   Donnez-moi une ……………………… j'en ferais quoi ?

5. ***Wati by night de Sexion d'assaut***
   Hello sista, j'te demande pas ton numéro
   On t'a déjà dit qu't'étais une beauté ……………………… ?
   Tu comprends le lingala ? M'Boté ma ………………………

6. ***Les Sunlights des tropiques de Gilbert Montagné***
   Vis sous l'équateur du Brésil
   Entre ……………………… et Manille
   À l'heure d'été c'est ………………………
   Prends-moi la main, viens danser

LES FEMMES DANS L'HISTOIRE

Des aventurières, des scientifiques, des militantes : quatre quiz pour découvrir ou redécouvrir de grandes femmes qui ont fait l'histoire.

A. Simone Veil

Icône de la lutte pour les droits des femmes et survivante de la Shoah, Simone Veil a marqué l'histoire au sens large et l'histoire des femmes en particulier. Retour en quelques questions sur une femme à qui toutes les femmes doivent beaucoup.

1. **En quelle année Simone Veil (née Jacob) est-elle née ?**
   a. 1926
   b. 1927

2. **En quelle année Simone est-elle arrêtée par la Gestapo, puis déportée ?**
   a. 1943
   b. 1944

3. **Dans quel camp d'extermination Simone Veil est-elle déportée ?**
   a. Auschwitz-Birkenau
   b. Treblinka

4. **À son retour de déportation, qu'étudie-t-elle ?**
   a. Le droit à Sciences Po
   b. La sociologie à Sciences Po

5. **Simone Veil a été la première femme à accéder au poste de ministre de la Santé. C'était en 1974 sous la présidence de Valéry Giscard d'Estaing. Qui était alors le Premier ministre ?**
   a. Raymond Barre
   b. Jacques Chirac

6. **Après des débats houleux à l'Assemblée, le projet de loi (porté par Simone Veil) sur la dépénalisation de l'avortement est adopté. En quelle année la loi entre-t-elle en vigueur ?**
   a. 1975
   b. 1976

7. **Simone a été la première présidente élue (directement) du Parlement européen, en quelle année était-ce ?**
   a. 1979
   b. 1981

8. **Le Conseil constitutionnel est composé de neuf membres nommés pour neuf ans. En quelle année Simone Veil y a-t-elle fait son entrée ?**
   a. 1998
   b. 2000

9. **En quelle année Simone Veil est-elle reçue à l'Académie française ?**
   a. 2008
   b. 2010

10. **Un an après sa mort Simone Veil a été inhumée au Panthéon aux coté de son époux. Elle est la cinquième femme à y entrer (après Sophie Berhelot, Marie Curie, Geneviève de Gaulle-Anthonioz et Germaine Tillion). En quelle année était-ce ?**
    a. 2017
    b. 2018

B. Camille Claudel

Même si elle est essentiellement connue pour avoir été la compagne de Rodin, cette femme mérite qu'on la reconnaisse pour son talent.

1. **Qui est Camille Claudel ?**
   a. Une architecte
   b. Une sculptrice

2. **Quand Camille Claudel est-elle née ?**
   a. En 1864
   b. En 1868

3. **Qu'a dit Rodin à propos de Camille Claudel ?**
   a. « Je lui ai montré où trouver de l'or, mais l'or qu'elle trouve est bien à elle. »
   b. « Le bonheur est un ange au visage grave. »

4. **À la fin du XIXᵉ siècle elle a loué un atelier à Paris avec d'autres étudiantes, où était-ce ?**
   a. À Saint-Germain-des-Prés
   b. Sur l'île Saint-Louis

5. **Après dix ans de passion, pourquoi Camille Claudel quitte-t-elle Rodin ?**
   a. Parce qu'elle refuse qu'on ne voie en elle que l'élève de Rodin.
   b. Parce que Rodin a refusé de l'épouser

6. **Pourquoi n'obtient-elle pas des commandes de l'État ?**
   a. Son travail est jugé moyen
   b. Venant, d'une femme, ses sculptures sont jugées choquantes

7. **En 1913, au décès de son père, sa famille décide...**
   a. De la faire interner à l'asile
   b. De l'enfermer dans un couvent

8. **Combien de temps reste-t-elle enfermée ?**
   a. 30 ans, jusqu'à sa mort
   b. 20 ans.

C. Joséphine Baker

**Difficile de résumer la vie de Joséphine Baker : à la fois danseuse, actrice, résistante...
Retour en quelques questions sur cette vedette aux multiples casquettes.**

1. **Joséphine Baker est née en 1906 aux États-Unis, où était-ce ?**
   a. À Saint-Louis (Missouri)
   b. À La Nouvelle Orléans (Louisiane)

2. **En quelle année Joséphine Baker quitte-t-elle les États-Unis pour la France ?**
   a. 1925
   b. 1929

3. **Pourquoi part-elle en France ?**
   a. Par amour
   b. Pour danser

4. **De quel écrivain est-elle proche ?**
   a. Georges Simenon
   b. André Gide

5. **De quel courant artistique est-elle l'égérie ?**
   a. Du surréalisme
   b. Du cubisme

6. **Que fait-elle en 1940 ?**
   a. Elle danse aux Folies Bergère
   b. Elle rejoint les services secrets de la France Libre

7. **En 1964, elle retourne aux États-Unis, qu'y fait-elle ?**
   a. Elle soutient le mouvement pour les droits civiques aux côtés de Martin Luther King
   b. Elle monte un spectacle à Broadway

8. **En quelle année entre-t-elle au Panthéon ?**
   a. En 2021
   b. En 2022

D. Simone de Beauvoir

Grande dame française du xxe siècle, retour sur Simone de Beauvoir en dix questions.

1. **Qui est Simone de Beauvoir ?**
   a. Une féministe
   b. Une philosophe et une femme de lettres

2. **En quelle année est-elle née ?**
   a. En 1908
   b. En 1910

3. **Où rencontre-t-elle Jean-Paul Sartre ?**
   a. Dans un café à Saint-Germain-des-Prés
   b. À la faculté de lettres de Paris

4. **En quelle année est-elle reçue au concours d'agrégation de philosophie, deuxième, juste après Jean-Paul Sartre ?**
   a. 1929
   b. 1930

5. **Que dit Simone de Beauvoir à propos du mariage ?**
   a. « Le mariage est la cause principale de divorce. »
   b. « Il multiplie par deux les obligations familiales et toutes les corvées sociales. »

6. **Quel est le titre du premier livre qu'elle publie ?**
   a. L'invitée
   b. Les Mandarins

7. **Pourquoi en 1949 son livre Deuxième sexe fait-il scandale ?**
   a. Notamment pour les chapitres parlant de l'acharnement thérapeutique et de l'euthanasie
   b. Notamment pour les chapitres parlant de l'avortement, de la maternité et du mariage

8. **En quelle année rédige-t-elle le Manifeste des 343, appel de femmes déclarant avoir avorté et réclamant le droit à l'avortement libre et gratuit ?**
   a. En 1968
   b. En 1971

9. **Avec qui cofonde-t-elle un mouvement féministe qui lutte pour la dépénalisation de l'avortement ?**
   a. Gisèle Halimi
   b. Simone Veil

10. **Quel surnom Jean-Paul Sartre donnait-il à Simone de Beauvoir dans leur correspondance ?**
    a. L'écureuil
    b. Le castor

FRANÇAIS

Orthographe

À l'occasion du 325ᵉ anniversaire de la mort de Jean Racine, on vous propose de corriger cet extrait de *Phèdre*, l'une de ses œuvres les plus célèbres. Prenez votre stylo rouge et à vous de jouer !

PHÈDRE

On dit qu'un prompt départ vous éloigne de nous,
Seingeur. À vos douleurs je viens joindre mes larme ;
Je vous viens pour un fils expliquer mes alarmes.
Mon fils n'a plus de père ; est le jour n'est pas loin
Qui de ma mort encore doit le rendre témoin.
Déjà milles ennemis attaquent son enfance :
Vous seul pouvez contre eux embrassez sa défense.
Mais un secret remords agite mes esprits :
Je crains d'avoir fermer votre oreille à ses cris ;
Je tremble que sur lui votre juste colère
Ne poursuive bientôt une audieuse mère.

Phèdre, Acte II, scène 5, Jean Racine.

MATHS

Le VRAI/FAUX des triangles

Un triangle est un polygone qui possède 3 côtés, 3 sommets et 3 angles. Jusqu'ici tout va bien… Maintenant, on tente de vous retourner le cerveau en 10 VRAI/FAUX !

1. La somme des mesures des angles d'un triangle est parfois égale à 90° et parfois égale à 180°.
VRAI ou FAUX

2. Le triangle équilatéral possède trois angles égaux et un angle obtus.
VRAI ou FAUX

3. Dans un triangle dont un angle mesure 90°, l'hypoténuse est le côté opposé de cet angle.
VRAI ou FAUX

4. Un triangle rectangle est un triangle dans lequel on peut placer une infinité de rectangles.
VRAI ou FAUX

5. La médiane est la droite qui passe par le sommet d'un angle et le partage en 2 angles égaux.
VRAI ou FAUX

6. La médiatrice est la perpendiculaire à un côté en son milieu.
VRAI ou FAUX

7. Deux triangles sont semblables lorsqu'un angle congru est compris entre trois côtés homologues proportionnels.
VRAI ou FAUX

8. Dans un cercle circonscrit à un triangle rectangle, le centre du cercle correspond au milieu de l'hypoténuse du triangle.
VRAI ou FAUX

9. La réciproque du théorème de Pythagore permet, à partir des longueurs des trois côtés d'un triangle, de déterminer si ce triangle est rectangle ou pas.
VRAI ou FAUX

10. Un triangle isocèle a deux angles de même mesure.
VRAI ou FAUX

HISTOIRE

Les présidents de la Vᵉ République

La Ve République française a été mise en place à la suite de la crise de mai 1958. Nouvelle constitution, nouvelles lois, nouveau président ! Aujourd'hui, 8 personnes ont présidé la France sous ce régime. Pourrez-vous retrouver l'ordre dans lequel ils ont occupé cette fonction ?

1. Valéry Giscard d'Estaing
2. Jacques Chirac
3. Emmanuel Macron
4. François Mitterrand
5. François Hollande
6. Charles de Gaulle
7. Nicolas Sarkozy
8. Georges Pompidou

a. 1981 - 1995
b. 1969 - 1974
c. 1959 - 1969
d. 2012 - 2017
e. 1974 - 1981
f. 2007 - 2012
g. 2017 - Aujourd'hui
h. 1995 - 2007

CULTURE GÉNÉRALE

Tina, La Tigresse !

Tina Turner est une de ces idoles à la carrière tellement remplie qu'elle nous aura fait rêver durant des décennies ! Retour en folie sur la plus tigresse des « queens » du Rock et du R&B.

1. En quelle année est née Tina Turner ?
   a. En 1939
   b. En 1949

2. Où est née la chanteuse ?
   a. À Nashville
   b. À Brownsville

3. Quel est le vrai nom de Tina Turner ?
   a. Sandra Mae Bullock
   b. Anna Mae Bullock

4. Dans quel groupe Tina commence-t-elle sa carrière musicale en 1957 ?
   a. Kings of Rythm
   b. The "5" Royales

5. Quel musicien de ce groupe épouse-t-elle en 1962 ?
   a. Spike Turner
   b. Ike Turner

6. Comment s'appelle le premier gros succès du couple ?
   a. A Fool In Love
   b. I Feel Love

7. En quelle année sort la fameuse *Proud Mary* chantée par Tina Turner ?
   a. En 1971
   b. En 1981

8. Combien de Grammy Awards Tina Turner remporte-t-elle durant sa carrière ?
   a. 10
   b. 12

9. Quel est le prénom du fils de Tina Turner ?
   a. Tommy
   b. Ronnie

10. Quelle chanson de Tina Turner est initialement chantée par Bonnie Tyler ?
    a. (Simply) The Best
    b. What's Love Got To Do With It

LITTÉRATURE

Gruyère

Incollable en littérature ? C'est le moment de le prouver ! Voici 10 titres de grandes œuvres littéraires à compléter. On compte sur vous pour avoir 20/20.

Les .... du mal, Charles Baudelaire

Le Petit .... , Antoine de Saint-Exupéry

À la .... du .... perdu, Marcel Proust

Les Contes de .... , Geoffrey Chaucer

.... au .... de la Terre, Jules Verne

Les enquêtes d' .... , Agatha Christie

La ligne .... , Stephen King

Harry .... , J.K. Rowling

Madame .... , Gustave Flaubert

.... et sentiments, Jane Austen

Notre .... de .... , Victor Hugo

Le .... de l'Opéra, Gaston Leroux

Le .... de Dorian Gray, Oscar Wilde

La Reine .... , George Sand

La Princesse de .... , Madame de La Fayette

SCIENCES

Quiz minéral !

Minéraux, roches, cristaux, pierres précieuses, semi-précieuses...Ça s'annonce riche mais encore faut-il s'y retrouver ! Testez vos connaissances en chimie option minéralogie.

1. Quel est le symbole chimique de l'or ?
a. O
b. Oa
c. Au

2. Quel minéral est utilisé pour la médecine, la cosmétique et la fabrication porcelaine ?
a. Le talc
b. L'ammoniac
c. Le kaolin

3. Qu'est-ce qu'une géode ?
a. Une améthyste
b. Une roche de cristal
c. Une cavité rocheuse tapissée de cristaux

4. Quel minéral est utilisé pour fabriquer certaines montres et horloges ?
a. Le quartz
b. L'aragonite
c. La magnétite

5. De quelle couleur est le lapis-lazuli ?
a. Rouge violine
b. Vert céladon
c. Bleu profond

6. Qu'est-ce que la pierre marcassite ?
a. Un sulfure de fer, de couleur jaune ou gris-jaune
b. Un aluminosilicate de sodium, de potassium ou de calcium
c. Un minéral composé de carbonate de calcium de formule $CaCO_3$

7. À quelle famille de minéraux appartient l'agate ?
a. Les micas
b. Les gypses
c. Les quartz

8. Quelle est la matière de l'anatase ?
a. Le dioxyde de titane
b. L'hydroxyde de sodium
c. L'oxyde de fer

9. Quel est l'autre nom de la pyrite ?
a. L'or des pauvres
b. L'or des fous
c. L'or des myopes

10. Parmi ces pierres, qu'elle est la plus précieuse ?
a. Le Youkounkoun
b. L'Œil du Diable
c. L'Oppenheimer Blue

GÉOGRAPHIE

Voyage, voyage, version Vasco de Gama !

Après Marco Polo, on embarque avec le célèbre Vasco de Gama, cela va de soi ! Pour les 500 ans de sa mort, on revient sur ses exploits en tant que grand navigateur, amiral et vice-roi. Entourez la bonne réponse.

1. **Que quelle nationalité est Vasco de Gama ?**
   a. Espagnol
   b. Portugais
   c. Italien

2. **Où est né Vasco de Gama ?**
   a. À Madrid
   b. À Sines
   c. À Naples

3. **Pour quelle raison est-il un explorateur de renom ?**
   a. Il est le premier européen à gagner l'Inde par la mer
   b. Il est le premier européen à gagner l'Inde par la terre
   c. Il est le premier européen à gagner l'Inde par les airs

4. **Quel continent contourne-t-il pour arriver à bon port ?**
   a. L'Afrique
   b. L'Europe
   c. L'Amérique

5. **Qui envoie Vasco de Gama en expédition ?**
   a. Le roi Jean II le Bon
   b. Le roi Jean II le Parfait
   c. Le roi Manuel Ier le Ventureux

6. **En quelle année Vasco de Gama pose-t-il le pied à Calicut ?**
   a. En 1478
   b. En 1488
   c. En 1498

7. **Quel est l'autre nom de la Route des Indes ?**
   a. La Route des épices
   b. La Route du sel
   c. La Route du poivre

8. **Où se situe le Cap de Bonne-Espérance ?**
   a. Au Portugal
   b. En Afrique du nord
   c. En Afrique du sud

9. **De quoi Vasco de Gama est-il le fondateur ?**
   a. Du premier comptoir portugais en Asie
   b. Du premier comptoir portugais en Afrique
   c. Du premier night-club à Goa

10. **Où est mort Vasco de Gama ?**
    a. En Afrique, à Accra, sur la Côte de l'Or
    b. En Afrique, à Monrovia, sur la Côte du Poivre
    c. En Inde, à Cochin, sur la Côte du Malabar

CULTURE GÉNÉRALE

Les héros de la mythologie grecque

Lorsqu'on parle de la mythologie grecque, on pense souvent aux dieux et déesses de l'Olympe. Mais qu'en est-il des autres ? Connaissez-vous aussi bien leur histoire ? Entourez la bonne réponse.

1. **À quelle créature est confronté Œdipe au cours de son voyage vers Thèbes ?**
   a. Un cyclope
   b. Un sphinx
   c. Une chimère

2. **De quelle union est né Persée ?**
   a. Zeus et Héra
   b. Zeus et Léto
   c. Zeus et Danaé

3. **Après avoir détruit leur père, chacun des trois grands dieux a reçu un objet en cadeau. Zeus a obtenu la foudre, Poséidon, un trident, mais qu'a reçu Hadès ?**
   a. Un casque d'invisibilité
   b. Une lance de résurrection
   c. Un arc dont les flèches ne manquent jamais leur cible

4. **Parmi les divinités mineures de la Grèce antique, quels dieux ou déesses tenaient compagnie à Aphrodite ?**
   a. Les Moires
   b. Les Muses
   c. Les Érotes

5. **Quel demi-dieu parvient à vaincre la gorgone Méduse ?**
   a. Achille
   b. Persée
   c. Ulysse

6. **Qui est la déesse de la terre fertile ?**
   a. Déméter
   b. Hestia
   c. Hécate

7. **Lesquels de ces frères et sœurs sont jumeaux ?**
   a. Arès etÉnyo
   b. Hermès et Aphrodite
   c. Artémis et Apollon

8. **Combien compte-t-on approximativement de divinités grecques ?**
   a. 8 000
   b. 15 000
   c. 30 000

9. **Quel dieu grec s'est battu contre Athéna pour la ville d'Athènes ?**
   a. Poséidon
   b. Hermès
   c. Dionysos

MUSICALEMENT VOTRE

*Driiing, driiing !!! C'est la récré, on prend sa pause.
Celle-ci sera spéciale zicos, pour réviser ses bases et apprendre des choses !*

A. Le Solfège fAcile

L'apprentissage du solfège n'a jamais été une mince affaire, n'est-ce pas ? On réduit les difficultés en n'utilisant qu'une seule clé, ça sera la clef de FA pour cette fois... Reliez les bonnes suites aux bonnes notes.

- *a.* DO FA SOL SI
- *b.* MI SI SOL RÉ
- *c.* RÉ FA SOL DO
- *d.* FA SOL LA RÉ
- *e.* SI MI DO FA
- *f.* RÉ SOL LA MI
- *g.* DO MI LA RÉ
- *h.* LA MI SOL DO

B. Rock'n quiz baby !

Réveillez la rockeuse ou le rocker qui sommeille en vous, on joue au rock'n quiz pour la récré ! Allez, on branche la platine et on sort les vieux disques de chez mémé...

1. **Qui chante *Dactylo rock* ?**
   a. Les Chaussettes Noires
   b. Black Sabbath

2. **Qui chante *Rock'n'Roll Suicide* ?**
   a. David Bowie
   b. Lou Reed

3. **Qui chante *I Love Rock'n'Roll* ?**
   a. Blondie
   b. Joan Jett

4. **Qui chante *Capitaine Hard Rock* ?**
   a. Richard Anthony
   b. Richard Gotainer

5. **Qui chante *Rock'n'Roll Nigger* ?**
   a. Patti Smith
   b. PJ Harvey

6. **Qui chante *Rock the Casbah* ?**
   a. Sex Pistols
   b. The Clash

7. **Qui chante *Rock around the bunker* ?**
   a. Jacques Higelin
   b. Serge Gainsbourg

8. **Qui chante *Jailhouse Rock* ?**
   a. Chuck Berry
   b. Elvis Presley

9. **Qui chante *It's Only Rock'n'Roll (But I Like It)* ?**
   a. The Rolling Stones
   b. The Beattles

10. **Qui chante *Rock Amadour* ?**
    a. Gérard Blanchard
    b. Gérard Lenornan

C. Hit Classic only !

Symphonies, concertos, sonates, préludes… On profite de la récré pour réviser ses classiques pour le cours de musique de madame Toccata. De qui est quoi ?

1. « Le Songe d'une nuit d'été »
2. « Gymnopédie n°1 »
3. « Sonate au clair de lune »
4. « Don Juan »
5. « Les quatre saisons »
6. « Symphonie pathétique »
7. « La Marche Funèbre »
8. « Scènes d'enfants »
9. « Toccata et Fugue en Ré Mineur »
10. « Ainsi parlait Zarathoustra »

a. Chopin
b. Beethoven
c. Vivaldi
d. Satie
e. Strauss
f. Bach
g. Mozart
h. Mendelssohn
i. Schumann
j. Tchaïkovski

D. Les instruments étranges

La diversité des instruments de musique est extraordinaire. Et, rien que pour vous, on vous a concocté une sélection d'instruments super chelous… Mais qu'est-ce que c'est ? On vous laisse vous dépatouiller ! Sous chaque photo nommez l'instrument !

Le bazooka • La guimbarde • Le handpan • L'harmonica de verre • La kalimba • Le kazoo • Le thérémine • Le zeusaphone

1. .... 2. .... 3. .... 4. ....

5. .... 6. .... 7. .... 8. ....

FRANÇAIS

Anagrammes ou l'art de vous retourner le cerveau !

Une anagramme est un mot ou groupe de mots obtenu en inversant les lettres d'un premier mot ou groupe de mots. Retrouvez l'anagramme de chacune de ces personnalités et préparez-vous à bien rigoler...

1. Jean-Paul Gaultier •
2. Françoise Sagan •
3. Charles Baudelaire •
4. Clara Morgane •
5. Pablo Picasso •
6. Laure Manaudou •
7. Oussama ben Laden •
8. Valérie Pécresse •
9. Marc Lavoine •
10. Romy Schneider •

• *a.* Chaleur de la braise
• *b.* D'un amour à l'eau
• *c.* Syndrome chéri
• *d.* Mon calvaire
• *e.* Sam le nauséabond
• *f.* Lier la jupe au gant
• *g.* Vipère reclassée
• *h.* Pascal Obispo
• *i.* Réagi sans façon
• *j.* Carnage moral

MATHS

J'ai deux problèmes : le 1 et le 2...

Combinez les chiffres, les lettres et votre logique pour résoudre ses expressions mathématiques. Bon courage et puis bonne chance, surtout !

Problème 1
Au marché des produits locaux, Tony et Sandy achètent 5 paquets de chips artisanales et 3 fromages qui fouettent un max. Un paquet de chips coûte 3 € et un fromage 2,5 €. Écrire en une expression le calcul donnant la dépense totale et effectuer ce calcul.

....
....
....

Problème 2
C'est l'été, et pour changer un peu, les quatre mousquetaires décident de troquer leurs vieux chevaux contre des bodyboard semi-pros. Milady, quant à elle, préfère prendre un bain de soleil. Quatre bodyboards et un transat coûtent ensemble 224 €. Chaque body coûte 42 €. Écrire en une expression le calcul donnant le prix du transat de Milady puis effectuer ce calcul.

....
....
....

HISTOIRE

La monarchie sous Louis XV

Nous commémorons, cette année, les 250 ans de la mort de Louis XV. Coup de projecteur royal sur la monarchie à la cour de Versailles ! Entourez la bonne réponse.

1. Louis XV porte le titre de roi de France et de Navarre.
   VRAI ou FAUX

2. Louis XV est surnommé « le mal-aimé ».
   VRAI ou FAUX

3. Il est l'avant dernier roi de la monarchie absolue.
   VRAI ou FAUX

4. La Régence est la période entre la mort de Louis XIV à la majorité de Louis XV.
   VRAI ou FAUX

5. Louis XV et le successeur du roi Soleil.
   VRAI ou FAUX

6. Le duc de Choiseul est écartelé suite à la tentative d'assassinat du roi.
   VRAI ou FAUX

7. Mai 1756 marque le début de la guerre de Sept Ans.
   VRAI ou FAUX

8. Madame du Barry est la cousine du roi Louis XV.
   VRAI ou FAUX

9. Louis XV est magnifiquement bien interprété par Brad Pitt dans le film de Maïwenn.
   VRAI ou FAUX

10. Louis XV meurt de la variole le 10 mai 1774.
    VRAI ou FAUX

CULTURE GÉNÉRALE

Oh, les amoureux !

À quel point êtes-vous romantique ? La réponse, tout de suite avec cet exercice ! À partir des images, trouvez de quel film sont issus les couples représentés ci-dessous.

1. .... 2. .... 3. .... 4. .... 5. ....

6. .... 7. .... 8. .... 9. .... 10. ....

LITTÉRATURE

Féminisme et femmes de lettres

Il n'y a encore pas si longtemps, les femmes luttaient pour se faire une place légitime dans la sphère littéraire... Pour être publiées, elles usaient de pseudos d'hommes, esquivant ainsi, sexisme et préjugés. Qui est qui ?

1. Jeanne Loiseau
2. Elsa Triolet
3. Mary Ann Evans
4. Aurore Dupin
5. Marie d'Agoult
6. Marie de Heredia
7. Jeanne Philomène Laperche
8. Elizabeth Mackintosh
9. J.K. Rowling
10. Victoire Léodile Béra

a. George Sand
b. André Léo
c. Gérard d'Houville
d. Pierre de Coulevain
e. Robert Galbraith
f. George Elliot
g. Daniel Stern
h. Laurent Daniel
i. Daniel Lesueur
j. Gordon Deviot

SCIENCES

Astronomia

L'astronomie est la plus ancienne des sciences. Bien que les scientifiques aient déjà percé nombreux de ses secrets, le ciel demeure plein de mystères et continue de nous faire rêver... Relevez le défi, en mode Obi-Wan Kenobi !

1. **Qu'appelle-t-on l'étoile du Berger ?**
   a. Neptune
   b. Saturne
   c. Vénus

2. **Comment s'appelle le premier vaisseau spatial à avoir traversé la ceinture d'astéroïdes ?**
   a. Orion 9
   b. Pioneer 10
   c. Apollo 11

3. **Officiellement, combien y a-t-il de planètes dans notre système solaire ?**
   a. 6
   b. 7
   c. 8

4. **Depuis quand Pluton n'est plus une planète ?**
   a. 1986
   b. 1996
   c. 2006

5. **Combien de km séparent la Terre du Soleil ?**
   a. 52 millions
   b. 152 millions
   c. 252 millions

6. **Quel est le surnom de notre galaxie ?**
   a. La Voie Lactée
   b. La Voile Actée
   c. La Galactée

7. **Combien y a-t-il d'étoiles visibles dans la Grande Ourse ?**
   a. 5
   b. 6
   c. 7

8. **Quelles sont les quatre planètes gazeuses ?**
   a. Jupiter, Saturne, Uranus et Neptune
   b. Jupiter, Saturne, Uranus et Mars
   c. Jupiter, Saturne, Uranus et Mercure

9. **De quelle étoile est-on le plus proche ?**
   a. Pollux
   b. L'étoile du Pistolet
   c. Proxima Centauri

10. **Quelle mission prévoit un voyage sur la Lune d'ici 2026 ?**
    a. Artemis I
    b. Artemis II
    c. Apollo 18

GÉOGRAPHIE

Vacances en France !

Et si cette année on limitait notre empreinte carbone en voyageant dans l'hexagone ? Pour ce faire, un petit quiz Vrai ou Faux s'impose… Eh oui, 50 % de ces affirmations sont fausses ! Entourez la bonne réponse.

1. La France compte 68 millions d'habitants en 2023.
VRAI ou FAUX

2. La superficie de l'île de Ré est plus grande que celle de l'île d'Oléron.
VRAI ou FAUX

3. La ville de Marseille est divisée en 16 arrondissements.
VRAI ou FAUX

4. La France métropolitaine partage ses frontières terrestres avec cinq pays.
VRAI ou FAUX

5. La Baule est la plus grande plage urbaine de France.
VRAI ou FAUX

6. La « diagonale du vide » part du Nord-Ouest au Sud-Ouest.
VRAI ou FAUX

7. La rivière Ardèche est un affluent du Rhône.
VRAI ou FAUX

8. Le lac du Bourget est le plus petit lac de France.
VRAI ou FAUX

9. Le département des Yvelines est le plus boisé d'Île-de-France.
VRAI ou FAUX

10. Il pleut en moyenne 159 jours par an à Paris.
VRAI ou FAUX

CULTURE GÉNÉRALE

Les bad girls badass du cinéma !

Coup de projecteur sur les héroïnes du grand écran qui démontent, avec génie, sexisme et misogynie… Testez votre cinéphilie, en mode popcorn/soda, avec les bad girls les plus badass du cinéma !
Qui est qui ?

1. Charlize Theron est…
2. Pam Grier est…
3. Geena Davis est…
4. Margot Robbie est…
5. Rooney Mara est…
6. Chloë Grace Moretz est…
7. Uma Thurman est…
8. Carrie-Anne Moss est…
9. Sigourney Weaver est…
10. Susan Sarandon est…

a. Trinity (dans Matrix, 1999)
b. Mindy Macready (dans Kick-Ass, 2010)
c. Louise Sawyer (dans Thelma et Louise, 1991)
d. Foxy Brown (dans Foxy Brown, 1974)
e. Ellen Ripley (dans Alien, 1979)
f. Lisbeth Salander (dans Millénium : Les Hommes qui n'aimaient pas les femmes, 2011)
g. Imperator Furiosa (dans Mad Max: Fury Road, 2015)
h. Harley Quinn (dans Birds of Prey, 2020)
i. Beatrix Kiddo (dans Kill Bill, 2003)
j. Thelma Dickinson (dans Thelma et Louise, 1991)

A.
B.
C.
D.
E.
F.
G.
H.
I.
J.

CET ÉTÉ, C'EST KARAOKÉ !

Comme chaque été, on prépare ses playlists enflammées et on s'échauffe pour le grand Karaoké d'adieu organisé par le camping des Mots bleus pour la fin des vacances. On y retrouvera les copains avec un peu de chance...

A. Le quart d'heure américain...

Pour cette playlist, nous avons besoin de slows, d'amour, de slows d'amour et c'est à peu près tout. Qui chante quoi ? C'est à vous !

1. Umberto Tozzi
2. R.E.M.
3. Eagles
4. Rock Voisine
5. The Righteous Brothers
6. Andrea Bocelli
7. Céline Dion
8. Scorpions
9. Mecano
10. Jean-Jacques Goldman

a. D'amour ou d'amitié
b. Still Loving You
c. Puisque tu pars
d. Vivo per lei
e. Ti Amo
f. Hélène (Seul sur le sable)
g. Une femme avec une femme
h. Unchained Melody
i. Hotel California
j. Everybody Hurts

B. Parole, parole, parole

La marée a eu raison du cahier de paroles des chansons du karaoké et certains mots se sont effacés... Saurez-vous les retrouver !?

1. « Voile sur les......................, barques sur le Nil, je suis dans ta vie, je suis dans tes...................... »
   (*Alexandrie Alexandra*, Claude François)

2. « J'aime j'aime, tes yeux, j'aime ton......................, tous tes gestes en......................, lentement dirigés... Sensualité... »
   (*Sensualité*, Axelle Red)

3. « Terre brûlée au vent, des......................de pierres, autour des lacs, c'est pour les......................, un peu d'enfer, le Connemara... »
   (*Les Lacs du Connemara*, Michel Sardou)

4. « Viser la......................, ça me fait pas peur, même à l'usure, j'y crois...................... et en cœur... »
   (*Ma philosophie*, Amel Bent)

5. « J'irai où tu iras (ouh ou hou), mon......................sera toi (ouh ou), j'irai où tu iras, qu'importe la......................, qu'importe l'endroit... »
   (*J'irai ou tu iras*, Céline Dion/Jj Goldman)

6. « Dérivant à bord du Sampang, l'......................au parfum d'Ylalang, son surnom, ... du Soleil, en démantelant le gang de l'Archipel »
   (*L'Aventurier*, Indochine)

7. « Tourner le temps à l'......................, revenir à l'état......................, forcer les portes, les barrages sortir le......................de sa cage... »
   (*Allumer le feu*, Johnny Halliday)

8. « Puis quand j'en aurai......................, de rester leur...................... je......................sur scène, comme dans les années folles... »
   (*Le chanteur*, Balavoine)

9. « Il jouait du piano debout, quand les......................sont à ...., et les......................au garde à vous... »
   (*Il jouait du piano debout*, France Gall)

10. « Te raconter un peu comment j'étais......................, Les bombecs......................qu'on piquait chez l'marchand Car-en-sac et Minto......................à un franc »
    (*Mistral gagnant*, Renaud)

38

C. Rimes et chansons

Toutes ces chansons sentent bon la mer, les vacances et les bongos... Retrouvez la bonne rime et préparez-vous pour le grand SHOW !

1. « Vacances, j'oublie tout, rien à faire du tout, J'm'envoie en l'air, ça c'est **super ou d'enfer**... » (*Vacances j'oublie tout*, Élégance)

2. « Ce soir j'irai danser le **tango ou mambo**, au Royal Casino, sous les lambris **art-déco ou rococo**... » (*L'Amour à la plage*, Niagara)

3. Sea, sex and sun, le soleil au zénith, me surexcitent, tes p'tits seins de **bakélite ou carmélite**... » (*Sea, Sex and Sun*, Serge Gainsbourg)

4. « Au-dessus des vieux **gisements ou volcans**, glissent des ailes sous le tapis du **vent ou temps**, Voyage, Voyage, éternellement... » (*Voyage voyage*, Desireless)

5. « Tape sur nos **systèmes ou problèmes**, l'envie que tout le monde **sème ou s'aime**, le soleil donne... » (*Le soleil donne*, Laurent Voulzy)

6. « Wo ho si'wvlé ké pou nou dé sa kontinué, ban fil pou mwen pé **boujé ou cadensé**...» (*Maldon*, Zouk Machine)

7. Il est un **estuaire ou golfe** clair, un long fleuve de soupirs, où l'eau mêle nos **misères ou mystères**... » (*L'Autre Finistère*, Les Innocents)

8. « T'avais les cheveux **longs ou blonds**, un crocodile sur ton **veston ou blouson**... » (*Est-ce que tu viens pour les vacances ?*, David et Jonathan)

9. « L'océan dessine sur la toile de mon **bateau ou radeau**, la passion résonne dans les tripes de mon **pipeau ou piano**... » (*Tropiques*, Muriel Dacq)

10. « Nous reviendrons faire la fête aux crustacés, de la plage **abandonnée ou ensoleillée.** » (*La Madrague*, Brigitte Bardot)

D. Le Karaoké Tour

Départ imminent pour un tour de France musical avec ce florilège de chansons en 10 escales ! Quelle ville est chantée par qui ? C'est parti !

1. Toulouse
2. Brest
3. Saint-Étienne
4. Carcassonne
5. Saumur
6. Vesoul
7. Montluçon
8. Nantes
9. Saint-Jean-du-Doigt
10. Marseille la nuit

a. Barbara
b. IAM
c. Mickey 3D
d. Claude Nougaro
e. Bernard Lavilliers
f. Thomas Fersen
g. Miossec
h. Trust
i. Michel Sardou
j. Jacques Brel

FRANÇAIS

Mission 20/20 en orthographe

La langue française est truffée de pièges qui parasitent notre quotidien. Par chance, vous avez tout l'été pour vous mettre à jour ! Entourez le mot ou l'expression bien orthographiée dans cette liste.

1. Des bails **ou** des baux
2. Parallèle **ou** paralèlle
3. Etre gré **ou** savoir gré
4. Choux-fleurs **ou** choux-fleur
5. Une demi-heure **ou** une demie-heure
6. A tout prix **ou** à tous prix
7. Assenceur **ou** ascenseur
8. Notamment **ou** notemment
9. Acceuil **ou** accueil
10. Au temps pour moi **ou** autant pour moi
11. J'ai eu tord **ou** j'ai eu tort
12. Nous sommes ensembles **ou** ensemble
13. On fait une pause **ou** une pose
14. Un chiffre d'affaires **ou** d'affaire
15. Nous avons réglé un différent **ou** différend
16. Quand même **ou** comme même
17. Dix milles **ou** dix mille
18. Je vais au coiffeur **ou** je vais chez le coiffeur
19. Si j'avais **ou** si j'aurais
20. Des hauts-parleurs **ou** des haut-parleurs

MATHS

Voyage sur le littéral !

J'espère que votre sac de voyage n'est pas trop chargé parce qu'ici on ne garde que le minimum. On réduit, on réduit... c'est compris ? Développez, réduisez et ordonnez les expressions suivantes...

Exercice 1

A = 3(4x + 7) + 4(2x - 9)

....

B = 7(2x - 5) - x(2x - 5)

....

C = (2x + 5)(3x + 7)

....

D = (2x - 5)(3x - 2)

....

Exercice 2

E = (2x + 3)(5x - 8) - (2x - 4)(5x - 1)

....

F = (5x - 2)(5x - 8) - (3x - 5)(x + 7)

....

HISTOIRE

Les pharaons d'Égypte

Momies, pyramides et sarcophages, l'histoire d'Égypte est riche en culture. Êtes-vous prêts à enfiler une casquette d'archéologue le temps de ce quiz ?

1. Qui sont les pharaons d'Égypte ?
   a. Les héros morts au combat
   b. Les rois et reine d'Égypte
   c. Les nobles

2. À quelle époque ont-ils vécu ?
   a. À la Préhistoire
   b. Au Moyen-Âge
   c. À l'Antiquité

3. Pour quelle raison une momie pouvait-elle être recouverte d'or ?
   a. En hommage à une divinité
   b. Pour une appartenance à la famille royale
   c. Parce qu'elle a eu une mort héroïque

4. Combien de conjoints a eu Cléopâtre avant Jules César ?
   a. 2
   b. 3
   c. 0

5. L'institution pharaonique débute avec :
   a. L'union de Cléopâtre et Marc Antoine
   b. L'unification de l'Égypte antique
   c. La guerre civile en Égypte

6. Qui est le plus vieux pharaon d'Égypte parmi les trois suivants ?
   a. Toutânkhamon
   b. Ramsès II
   c. Néfertiti

7. À quelle période a vécu le pharaon Akhenaton ?
   a. L'Ancien Empire
   b. Le Moyen Empire
   c. Le Nouvel Empire

8. Quelle a été la première capitale d'Égypte sous le régime pharaonique ?
   a. Memphis
   b. Tanis
   c. Alexandrie

9. Combien de sarcophages y avait-il dans la cache d'Assassif, la première scellée depuis le XIXe siècle ?
   a. 20
   b. 30
   c. 40

10. En quelle année a été découvert le tombeau de Toutânkhamon ?
   a. 1912
   b. 1937
   c. 1922

CULTURE GÉNÉRALE

Joyeux anniversaire !

Ces stars internationales fêtent leurs 50 ans en 2024 ! Saurez-vous les nommer ?

1. .... 2. .... 3. .... 4. .... 5. .... 6. ....

7. .... 8. .... 9. .... 10. .... 11. .... 12. ....

LITTÉRATURE

Allo Franz ? C'est la France à l'appareil !

Il a cent ans nous quittait le grand auteur Franz Kafka. Il est temps de réviser vos classiques et de tester vos connaissances sur l'auteur du *Procès* et du *Château* !

1. Dans quelle grande ville d'Europe est né Kafka ?
   a. Vienne
   b. Prague
   c. Varsovie

2. Franz Kafka avait :
   a. 5 frères et sœurs
   b. Aucun frère et sœur, il était fils unique
   c. Une grande sœur et un petit frère

3. En plus de romans, qu'écrivait-il d'autre ?
   a. Des poèmes
   b. Des nouvelles
   c. Des pièces de théâtre

4. Quel adjectif a dérivé de son œuvre ?
   a. Franzïen
   b. Kafkesque
   c. Kafkaïen

5. Son roman à succès *Le Château*, aborde le sujet de :
   a. Une princesse enfermée dans la tour d'un château
   b. L'aliénation de l'individu face à une bureaucratie coupée du monde
   c. Une utopie aux idéaux marxistes

6. Dans *La Métamorphose*, le personnage principal se réveille un matin transformé en :
   a. Cheval
   b. Femme
   c. Insecte monstrueux

7. Il est également connu pour sa lettre adressée à :
   a. Son père
   b. L'enfant qu'il n'a jamais eu
   c. Son chien

8. Il est reconnu pour l'ambiance particulière de ses œuvres qui mêlent :
   a. Romantisme et comédie
   b. Absurdité et réalisme
   c. Utopie et poésie

9. Il a longtemps travaillé pour :
   a. Une compagnie d'assurance
   b. Un garage automobile
   c. Une banque internationale

10. À sa mort, Kafka avait demandé à ce que ses œuvres :
   a. Soient complètement détruites
   b. Soient publiées et traduites
   c. Soient enterrées avec lui dans son cercueil

SCIENCES

Le système solaire

Planètes, étoiles, galaxies, vous savez tout du système solaire ? Et si ce « vrai ou faux » vous révélait quelques-uns de ses mystérieux secrets ? Entourez la bonne réponse.

1. Il y a huit planètes dans le système solaire.
   VRAI ou FAUX

2. La planète la plus éloignée de la terre est Neptune.
   VRAI ou FAUX

3. La Soleil tourne autour de la Terre.
   VRAI ou FAUX

4. Uranus est la plus grande planète du système solaire.
   VRAI ou FAUX

5. Le soleil est un astéroïde.
   VRAI ou FAUX

6. Le système solaire se trouve sur le bras d'Orion dans la Voie lactée.
   VRAI ou FAUX

7. Une comète est constituée d'un noyau et de poussière ?
   VRAI ou FAUX

8. Il y a 4 planètes naines dans le système solaire.
   VRAI ou FAUX

9. Mars est surnommée la « planète rouge ».
   VRAI ou FAUX

10. Saturne est 9 fois plus petite que la Terre.
   VRAI ou FAUX

GÉOGRAPHIE

Beauté des îles...

Ah, les palmiers, le sable fin et le soleil, rien de mieux pour profiter des vacances ! Testons un peu vos connaissances sur les îles du monde.

1. Combien la France a-t-elle de territoires outre-mer ?
  a. 12
  b. 6
  c. 15

2. Quelle mer entoure la Guadeloupe ?
  a. La mer Méditerranée
  b. La mer Égée
  c. La mer des Caraïbes

3. Sur quelle île est situé l'Etna, le plus grand volcan actif d'Europe ?
  a. La Corse
  b. La Sicile
  c. Santorin

4. Laquelle de ces îles n'est pas située en Grèce ?
  a. Gozo
  b. Rhodes
  c. Tinos

5. Quelle est la langue officielle des Antilles ?
  a. Le créole
  b. Le français
  c. L'anglais

6. Laquelle de ces îles espagnoles n'est pas située dans l'archipel des Baléares ?
  a. Minorque
  b. Ibiza
  c. Tenerife

7. De quel continent la Nouvelle-Calédonie est-elle la plus proche en termes de localisation ?
  a. L'Europe
  b. L'Océanie
  c. L'Amérique

8. En plus d'une île, la Nouvelle Zélande est...
  a. Un département
  b. Une région
  c. Un pays

9. La Corse est...
  a. Une île française
  b. Une île indépendante
  c. Un archipel

10. Comment surnomme-t-on Bora Bora ?
  a. La cœur du Pacifique
  b. La perle du Pacifique
  c. La merveille du Pacifique

CULTURE GÉNÉRALE

Vous dansiez sur quoi il y a 10 ans ?

Coup de rétroviseur dans le juke-box des belles années... Le cahier de vacances vous flanque 10 ans dans les dents avec le quiz des hits 2014 ! Reliez la chanson au bon groupe ou au bon interprète. Eh oui, 10 ans, ça se fête !

1. Wasting My Young Years •   • **a.** Indila
2. Zombie •   • **b.** OneRepublic
3. Instant Crush •   • **c.** Rebel feat. Sidney Housen
4. Dernière danse •   • **d.** Cris Cab
5. Liar Liar •   • **e.** Pharrell Williams
6. Counting Stars •   • **f.** Milky Chance
7. Black Pearl (He's a Pirate) •   • **g.** Maitre Gims
8. Happy •   • **h.** Clean Bandit
9. Stolen Dance •   • **i.** London Grammar
10. Rather Be •   • **j.** Daft Punk feat. Julian Casablancas

JEUX DE LETTRES

Suivez les consignes à la lettre pour ces jeux de lettres et ça devrait passer comme une lettre à la poste !

1. Les mots coupés

Dans cette grille, des mots de six lettres ont été coupés ! À vous de les assembler comme bon vous semble pour reconstituer au moins 20 mots. À vos stylos.

TON	POU	LIE	DRE
SAN	PIE	HAR	CHA
SSE	PON	LET	CHI
TRE	RRE	MIE	DRO

2. Anagrammes

Mélangez les lettres des mots ci-dessous pour former un autre mot ! Un indice : les mots à trouver peuvent se manger !

Dîneras : ....
Dragon : ....
Engrais : ....
Gorille : ....
Hirsute : ....
Organe : ....
Pastiche : ....
Soulagent : ....
Véhiculer : ....
Voyage : ....

3. Lettres mélangées

Les lettres ci-dessous ont été mélangées, pour chaque groupe de lettres essayez de reconstituer un maximum de mots !

a. Avec les lettres :

N – P – I – U – S – R – T – A – L – E

* Trouvez au moins 4 mots de 8 lettres :
* Trouvez au moins 6 mots de 7 lettres :
* Trouvez au moins 5 mots de 6 lettres :

b. Avec les lettres :

L – E – I – X – V – U – Q – E – T – N

* Trouvez au moins 4 mots de 7 lettres :
* Trouvez au moins 4 mots de 6 lettres :
* Trouvez au moins 4 mots de 5 lettres :

c. Avec les lettres :

S – O – Z – E – B – N – L – I – R – A

* Trouvez au moins 4 mots de 8 lettres :
* Trouvez au moins 4 mots de 7 lettres :
* Trouvez au moins 4 mots de 6 lettres :

4. Les mots coupés

Dans cette grille, des mots de six lettres ont été coupés ! À vous de les assembler comme bon vous semble pour reconstituer au moins 20 mots. À vos stylos.

TRI	RRE	LIN	DRE
SOU	MOU	FLE	BOU
TAN	PLE	FOU	CHE
TON	RIR	GUE	COU

FRANÇAIS

Les contraires font paire !

La langue française est si riche en vocabulaire ! Sens propre, sens figuré, un mot peut vouloir dire tant de choses qu'on a tendance à s'y perdre. À l'inverse, beaucoup de mots peuvent avoir le même sens ou des sens opposés. Pourrez-vous associer ceux de cette liste à leurs antonymes ?

1. Aigre
2. Crépuscule
3. Sinistre
4. Séparer
5. Prudent
6. Antipathique
7. Envahir
8. Habitude
9. Étroit
10. Discret

a. Téméraire
b. Déserter
c. Aube
d. Extravagant
e. Sympathique
f. Large
g. Réunir
h. Nouveauté
i. Doux
j. Gai

MATHS

Le Brevet des matheux

Ici, le Brevet des classes, on l'a passé, on le passe ou on le repasse ! Brillez tant que vous pouvez avec ce petit quiz spécial DNB.

1. **Que démontre le théorème de Pythagore ?**
   a. Que le carré de l'hypoténuse est égal à la somme des carrés des 2 autres côtés
   b. Que le triangle de l'hypoténuse est égal à la somme des carrés des 2 autres côtés

2. **À Combien est égal (5x-3) (3+8x) ?**
   a. $40x+9x^2+9$
   b. $40x^2-9x-9$

3. **Dans un triangle rectangle ABC, quel est le côté opposé à l'angle droit ?**
   a. La bissectrice
   b. L'hypoténuse

4. **Suzette a besoin de 400 grammes de farine pour faire des crêpes pour 8 personnes. Combien lui en faut-il pour 10 personnes ?**
   a. 500 g
   b. 650 g

5. **Quel est le résultat de -5(3b+8) ?**
   a. 15b + 40
   b. -15b - 40

6. **Sandy souhaite acheter un trikini à 33 €. Il est soldé à -15 %. Quel est le prix du trikini ?**
   a. 27,39 €
   b. 28,05 €

7. **Une urne contient 375 jetons de couleur. La probabilité de tirer un jeton rouge est égale à 7/15. Combien y a-t-il de jetons rouges dans l'urne ?**
   a. 125
   b. 175

8. **Quelle est la représentation graphique d'une fonction constante ?**
   a. Une droite parallèle à l'axe des abscisses
   b. Une droite parallèle à l'axe des médianes

9. **Quelle est la résolution de l'équation 4(x+2) = -(x+3)+2 ?**
   a. x= 5/9
   b. x= -9/5

10. **À quoi est égal le volume d'un cylindre ?**
    a. L'aire de la base multipliée par la hauteur du cylindre
    b. La somme des aires du cylindre

HISTOIRE

Georges Pompidou

La Ve République française a connu de nombreux présidents qui ont marqué l'histoire du pays. Et si nous parlions un peu de Georges Pompidou qui nous a quitté il y a 50 ans cette année ?

1. En quelle année, Georges Pompidou a-t-il été élu président de la République ?
- **a.** 1969
- **b.** 1974
- **c.** 1981

2. Quelle fonction n'a-t-il pas exercée ?
- **a.** Haut fonctionnaire
- **b.** Homme d'État
- **c.** Chercheur

3. De quelle école supérieure a-t-il été diplômé ?
- **a.** Sciences Po
- **b.** L'ENA
- **c.** Université Paris II (ASSAS)

4. Quel positionnement politique Georges Pompidou représentait-il durant son mandat ?
- **a.** La gauche
- **b.** La droite
- **c.** Le centre

5. Sous quelle législature n'a-t-il pas été Premier ministre ?
- **a.** La IIIe République
- **b.** La IVe République
- **c.** La Ve République

6. Combien de livres a-t-il écrit ?
- **a.** 4
- **b.** 5
- **c.** 6

7. Avec quel pourcentage de vote Georges Pompidou est-il élu président face à Alain Poher ?
- **a.** 53,45%
- **b.** 58,21%
- **c.** 62,37%

8. À quel âge devient-il président de la République ?
- **a.** 53 ans
- **b.** 59 ans
- **c.** 57 ans

9. Qui n'a pas été Premier ministre sous la présidence de Georges Pompidou ?
- **a.** Jacques Chirac
- **b.** Jacques Chaban-Delmas
- **c.** Pierre Messmer

10. Quelle a été la cause de sa mort ?
- **a.** Assassinat
- **b.** Vieillesse
- **c.** Maladie

CULTURE GÉNÉRALE

Welcome to the USA

Matt Groening, le créateur des *Simpsons*, fête ses 70 ans cette année ! Au fil des saisons, le dessin animé dépeint le quotidien d'une famille américaine moyenne, dont les personnages arrivent toujours à nous remonter le moral. Si vous n'avez pas tout bon à ce test, il est temps d'allumer votre télévision !

1. De qui est composée la famille Simpson ?
- **a.** Homer, Marge, Bart, Lisa et Maggie
- **b.** Homer, Margaret, Bart, Lise, Maggie
- **c.** Hubert, Marge, Bartie, Lisa, Maggie

2. Dans quelle ville la famille habite-t-elle ?
- **a.** Bakersfield
- **b.** Springfield
- **c.** Cornfield

3. Où travaille Homer ?
- **a.** Dans un bar
- **b.** Dans un bowling
- **c.** Dans une centrale nucléaire

4. Comment s'appelle le meilleur ami de Bart ?
- **a.** Milhouse
- **b.** Carl
- **c.** Nelson

5. De quel instrument joue Lisa ?
- **a.** Du piano
- **b.** De la trompette
- **c.** Du saxophone

6. Comment s'appelle le directeur de l'école ?
- **a.** Montgomery Burns
- **b.** Seymour Skinner
- **c.** Moe Szyslak

7. Qui veut tuer Bart ?
- **a.** Krusty le clown
- **b.** Tahiti Bob
- **c.** Clancy Wiggum

8. Ned Flanders est :
- **a.** Le meilleur ami d'Homer
- **b.** L'amant de Marge
- **c.** Le voisin qu'Homer déteste

9. Quelle est la pâtisserie préférée d'Homer ?
- **a.** Les donuts
- **b.** Les éclairs au chocolat
- **c.** Les cookies

10. Et quelle est sa marque préférée de bière ?
- **a.** Daff
- **b.** Doff
- **c.** Duff

LITTÉRATURE

Prix littéraires

Puisque vous êtes en vacances, profitez-en pour faire le point sur ce que vous avez lu – ou pas – cette année. Avant de découvrir et de lire les livres de la prochaine rentrée littéraire, testez-vous sur le cru 2023 ! Reliez correctement le prix au titre et à l'auteur. Attention deux ouvrages ont reçu deux prix différents !

1. Grand prix du roman de l'Académie française
2. Prix Femina
3. Prix Goncourt
4. Prix Goncourt des lycéens
5. Prix Interallié
6. Prix Médicis
7. Prix Renaudot
8. Prix de Flore
9. Prix Décembre
10. Prix du premier roman français

- Une façon d'aimer
- Veiller sur elle
- Humus
- Les Insolents
- Que notre joie demeure
- Triste tigre
- Western
- Alain Pacadis, , Face B

- Jean-Baptiste Andrea
- Dominique Barbéris
- Gaspard Koenig
- Kevin Lambert
- Maria Pourchet
- Charles Salles
- Ann Scott
- Neige Sinno

SCIENCES

Archéo logique !

Avez-vous l'âme d'un archéologue ? En grattant un peu, ça se pourrait bien, non ? Pour le savoir répondez à ces dix questions !

1. Quel continent est considéré comme le « berceau de l'humanité » par les archéologues ?
a. L'Afrique
b. L'Asie
c. L'Europe

2. Comment s'appelle l'ancienne cité inca découverte au XVᵉ siècle au Pérou ?
a. le Macha Picchu
b. le Macho Picchou
c. le Machu Picchu

3. Où se situent la grotte de Lascaux ?
a. Dans le Lot-et-Garonne
b. En Corrèze
c. En Dordogne

4. Qu'est-ce que la pierre de Rosette ?
a. Un fragment de stèle gravée qui a permis le déchiffrement des hiéroglyphes au XIXᵉ siècle
b. Un fragment de céramique antique appartenant au pharaon Horus au Serekh
c. Un fragment d'os gravé en forme de pyramide

5. Quel égyptologue est le premier à déchiffrer les hiéroglyphes ?
a. Jean-François Champollion
b. Marie-Christine Hellmann
c. Lawrence d'Arabie

6. Comment se nomment les trois célèbres pyramides de la nécropole de Gizeh ?
a. Khépops, Khéphrenos et Mykérinos
b. Khéops, Khéphren et Mykérinos
c. Khéops, Méphren et Kékérinos

7. Qu'est-ce la palynologie pour un archéologue ?
a. L'étude des sols minéraux bruts
b. L'étude des phalanges fossilisées
c. L'étude du pollen

8. Où a-t-on retrouvé deux sarcophages en plomb en 2022, à la suite d'un incendie ?
a. Au château du Grand-Serquigny
b. Dans la cathédrale Saint-Pierre-et-Saint-Paul de Nantes
c. À Notre-Dame de Paris

9. Quelle grotte, située en Charente, porte également le nom de grotte du Visage ?
a. La grotte de Vilhonneur
b. La grotte d'Arcy-sur-Cure
c. La grotte Chauvet-Pont d'Arc

10. Comment appelle-t-on les peintures dans les grottes ?
a. L'art pariétal
b. L'art rupestre
c. L'archéo painting

48

GÉOGRAPHIE

La Réunion aux sommets...

Cirques, volcans et pitons dominent l'île de la Réunion. Aussi appelée l'Île Bourbon, elle offre un panel de reliefs extraordinaires et représente un paradis pour les grimpeurs d'outre-mer ! Testez vos connaissances sur les reliefs de la Réunion, l'île aux milles sensations...

1. Quel est le point culminant de la Réunion ?
a. Le Gros Morne
b. Le Piton de la Fournaise
c. Le Piton des Neiges

2. À combien culmine-t-il ?
a. 2 069 m
b. 2 669 m
c. 3 069 m

3. Comment s'appellent les trois principaux cirques de l'île ?
a. Maïdo, Dimitile et Taïbit
b. Salazie, Mafate et Cilaos
c. Le Grand Bénare, le Moyen Bénare et Le Petit Bénare

4. Mais qu'est-ce qu'un cirque en montagne, en fait ?
a. Une paroi droite, à très forte pente et exempte de végétation
b. Une enceinte naturelle à parois abruptes, de forme circulaire ou semi-circulaire
c. Une dépression géographique de forme allongée et façonnée par un cours d'eau

5. Quel est le nom du volcan encore en activité ?
a. Le Gros Piton
b. Le Piton d'Anchaing
c. Le Piton de la Fournaise

6. À combien culmine le sommet montagneux de la Roche Écrite ?
a. 276 m
b. 1 276 m
c. 2 276 m

7. Lequel de ces « Nez » n'existe pas à la Réunion ?
a. Le Nez de Bœuf
b. Le Nez Coupé de Sainte-Rose
c. Le Nez Coupé du Tremblant

8. Laquelle de ces cascades permet le lavage de pare-brise le plus express de l'île ?
a. La cascade Blanche
b. Le Trou de Fer
c. Le Pisse en l'air

CULTURE GÉNÉRALE

Les présidentielles aux states

L'élection présidentielle américaine de 2024 aura lieu le 5 novembre prochain. Testez-vos connaissances sur la grande course à la présidence !

1. Quel âge minimum faut-il avoir pour être président aux États-Unis ?
a. 30 ans
b. 35 ans

2. Quel sera l'âge de Joe Biden à la fin de son second mandat, s'il est réélu ?
a. 82 ans
b. 86 ans

3. Quel grand duel électrise les foules pour ces élections ?
a. Joe Biden contre Donald Trump
b. Donald Trump contre Dr. No

4. Qui est l'actuelle vice-présidente des États-Unis ?
a. Kamilla Harris
b. Kamala Harris

5. Comment s'appelle le mouvement conspirationniste pro-Trump ?
a. Le QAnon
b. Le QAmann

6. Quel Kennedy figure parmi les candidats à l'élection présidentielle ?
a. Edward Moore Kennedy
b. Robert Kennedy Jr

7. Qui est-il par rapport à John Fitzgerald Kennedy ?
a. Son fils
b. Son neveu

8. Sur quoi le président élu a-t-il coutume de poser sa main lors de la cérémonie d'investiture ?
a. La bible
b. L'épaule du président sortant (ou sa propre épaule s'il est réélu)

9. Comment s'appelle la candidate républicaine qui incarne l'alternative à Donald Trump ?
a. Nikki Haley
b. Marianne Williamson

10. De la quantième élection présidentielle américaine s'agit-il ?
a. La 50e
b. La 60e

THE UNITED STATES

Cette année encore, les États-Unis s'imposent comme la première puissance mondiale. De quoi faire pâlir les autres nations avec leurs 50 États ! D'ailleurs, saurez-vous les replacer sur la carte ? Et même si nous croyons en vos connaissances infaillibles, voici la liste des États.

ALABAMA • ALASKA • ARIZONA • ARKANSAS • CALIFORNIE • CAROLINE DU NORD • CAROLINE DU SUD • COLORADO • CONNECTICUT • DAKOTA DU NORD • DAKOTA DU SUD • DELAWARE • FLORIDE • GÉORGIE • HAWAII • IDAHO • ILLINOIS • INDIANA • IOWA • KANSAS • KENTUCKY • LOUISIANE • MAINE • MARYLAND • MASSACHUSETTS • MICHIGAN • MINNESOTA • MISSISSIPPI • MISSOURI • MONTANA • NEBRASKA • NEVADA • NEW HAMPSHIRE • NEW JERSEY • NEW YORK • NOUVEAU MEXIQUE • OHIO • OKLAHOMA • OREGON • PENNSYLVANIE • RHODE ISLAND • TENNESSEE • TEXAS • UTAH • VERMONT • VIRGINIE • VIRGINIE OCCIDENTALE • WASHINGTON • WISCONSIN • WYOMING

1. ....
2. ....
3. ....
4. ....
5. ....
6. ....
7. ....
8. ....
9. ....
10. ....
11. ....
12. ....
13. ....
14. ....
15. ....
16. ....
17. ....
18. ....
19. ....
20. ....
21. ....
22. ....
23. ....
24. ....
25. ....
26. ....
27. ....
28. ....
29. ....
30. ....
31. ....
32. ....
33. ....
34. ....
35. ....
36. ....

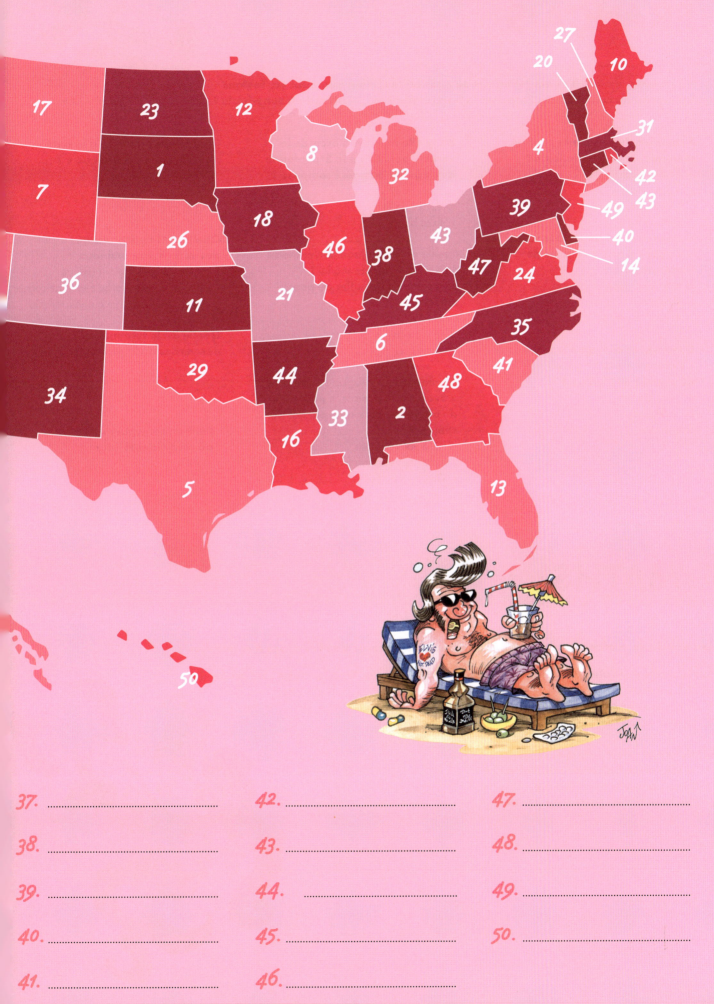

37. .... 42. .... 47. ....

38. .... 43. .... 48. ....

39. .... 44. .... 49. ....

40. .... 45. .... 50. ....

41. .... 46. ....

FRANÇAIS

Conjugaison

« Ai » ; « ais », « ait », il existe tellement de possibilités ! Rien que pour ça, testons votre niveau de conjugaison. Entourez la bonne réponse, on attend un sans-faute !

1. À combien de personnes peut-on conjuguer le verbe « falloir » ?
   a. À une personne
   b. À 3 personnes
   c. À toutes les personnes

2. Comment conjugue-t-on le verbe « piéger » à la 3e personne de l'imparfait ?
   a. Il/elle/on piégait
   b. Il/elle/on piégeait
   c. Il/elle/on piégais

3. Comment se conjugue le verbe « s'asseoir » à la 1re personne du présent de l'indicatif ?
   a. Je m'assieds
   b. Je m'assois
   c. Je m'assis

4. De quelle manière s'accorde le verbe « bouillir » à la 2e personne du singulier au passé composé ?
   a. Tu as bouillis
   b. Tu as bouillit
   c. Tu as bouilli

5. Quelle est la conjugaison correcte du verbe « vaincre » à la 1re personne du singulier au passé antérieur ?
   a. Je vaincu
   b. J'eus vaincu
   c. Je vainquis

6. Comment se conjugue l'auxiliaire « avoir » à la première personne du pluriel au plus-que-parfait du subjonctif ?
   a. Que nous eussions
   b. Que nous eussions eu
   c. Que nous eûmes eu

7. Quel temps est utilisé à la suite de la formule « après que » ?
   a. Après que + indicatif
   b. Après que + subjonctif
   c. Après que + conditionnel

8. Quelle est la particularité des verbes pronominaux ?
   a. Ils sont tous du premier groupe
   b. Ils ne se conjuguent qu'à la 3e personne
   c. Ils sont précédés d'un pronom réfléchi

9. Quelle est la terminaison des verbes du 2e groupe ?
   a. -er
   b. -ir
   c. -re

10. Peut-on conjuguer un verbe au conditionnel futur
    a. Non
    b. Oui
    c. Tout dépend du verbe

MATHS

Pistoche !

Luc décide de profiter des vacances pour se sculpter un corps de rêve grâce à la natation !

Luc souhaite donc aller à la piscine pour son mois de vacances. Trois formules sont proposées :
A. 15 € par entrée
B. 60 € d'abonnement, puis 5 € par entrée
C. 160 € d'abonnement, puis entrée libre.

Quelle formule devrait-il choisir s'il compte :
- Se baigner une fois par semaine (4 entrées) ?
- S'entraîner tous les jours (30 entrées) ?
- S'entraîner trois fois par semaine (12 entrées) ?

....

....

....

....

HISTOIRE
La Préhistoire

Il est temps de sortir de votre grotte pour répondre à ce « vrai ou faux » sur la période la plus mystérieuse de l'humanité : la Préhistoire.

1. Le supposé premier être humain dont le fossile a été partiellement retrouvé s'appelle Laura.
   VRAI ou FAUX

2. L'homme descend du singe.
   VRAI ou FAUX

3. La grotte de Lascaux se situe en Dordogne en Nouvelle Aquitaine.
   VRAI ou FAUX

4. La Préhistoire est la période comprise entre l'apparition des premiers humain et celle des premiers documents écrits.
   VRAI ou FAUX

5. Les paléontologues sont des scientifiques spécialisés dans l'étude de l'écorce terrestre.
   VRAI ou FAUX

6. Les plus anciens fossiles de Néandertaliens (premiers hommes et femmes appartenant à l'espèce Homo) ont plus de 430 000 ans.
   VRAI ou FAUX

7. On considère que la période de la Préhistoire commence entre 7 et 3 millions d'années avant Jésus-Christ.
   VRAI ou FAUX

8. Les hommes et femmes préhistoriques écrivaient sur du papyrus.
   VRAI ou FAUX

9. L'aiguille est une invention qui date de la Préhistoire.
   VRAI ou FAUX

10. Le premier être appartenant à l'espèce humaine est apparu en Europe.
    VRAI ou FAUX

CULTURE GÉNÉRALE
Silence, ça tourne !

Cette année, cela fera 10 ans que le célèbre acteur Robin Williams est décédé. Tout au long de sa carrière, il a joué dans de nombreux chefs-d'œuvre et incarné des personnages forts qui ont su marquer les esprits. Vous ont-ils marqué, vous aussi ? Associez les noms des personnages aux films correspondant pour le savoir.

1. Aladdin et le Roi des voleurs
2. Moscou à New York
3. Club Paradis
4. Harry dans tous ses états
5. Au-delà de nos rêves
6. La Nuit au musée
7. Deuxième chance à Brooklyn
8. Jumanji
9. Cadillac Man
10. Les Survivants
11. La Dernière Passe
12. Madame Doubtfire

a. Chris Nielsen
b. Henry Altmann
c. Jack Moniker
d. Daniel Hillard
e. Joey O'Brien
f. Le Génie
g. Donald Quinelle
h. Jack Dundee
i. Theodore Roosevelt
j. Alan Parrish
k. Vladimir Ivanoff
l. Mel

LITTÉRATURE
Allo Rimbaud ?

À l'occasion des 70 ans de Louis Bertignac, nous avons sélectionné des passages de certaines chansons du groupe Téléphone. On dit parfois qu'un morceau de musique est comme un poème ; nous avons mêlé ces passages à quelques citations de Rimbaud. Saurez-vous attribuer chaque phrase à son artiste ? Entourez la bonne réponse.

1. « Le monde a soif d'amour : tu viendras l'apaiser. »
   TÉLÉPHONE OU RIMBAUD

2. « Donne-moi simplement un peu de ton âme. »
   TÉLÉPHONE OU RIMBAUD

3. « Mon auberge était à la Grande-Ourse, mes étoiles au ciel avaient un doux frou-frou. »
   TÉLÉPHONE OU RIMBAUD

4. « À quatre heures du matin, l'été, le sommeil d'amour dure encore. »
   TÉLÉPHONE OU RIMBAUD

5. « Dans ce touffu désert, ceux que j'aime sont ma terre. »
   TÉLÉPHONE OU RIMBAUD

6. « Voir si le cœur de la ville bat en moi. »
   TÉLÉPHONE OU RIMBAUD

7. « Je crois que j'ai rêvé que ce soir je mourais. »
   TÉLÉPHONE OU RIMBAUD

8. « À la rêver immobile, elle m'a trouvé bien futile. »
   TÉLÉPHONE OU RIMBAUD

SCIENCES
« Un jardinier qui sabote une pelouse est un assassin en herbe. » (Raymond Devos)

C'est parti pour une session de jardinage spéciale mains vertes avec un quiz sans pitié pour les novices de la binette... Prêt, feu, jardinez !

1. **À quel moment est-il préférable d'arroser ses plantes ?**
   a. À l'aube
   b. Le soir
   c. À midi pétante !

2. **À quoi sert la binette ?**
   a. À repiquer les semis
   b. À ameublir et retourner la terre
   c. À enlever des mauvaises herbes

3. **Que fait-on pour rendre la terre plus fertile ?**
   a. On taille
   b. On amende
   c. On marcotte

4. **Quel est le compagnon préféré de la fraise ?**
   a. La courgette
   b. Le concombre
   c. Le poireau

5. **Que signifie praliner une plante ?**
   a. Enterrer une partie de la tige pour produire de nouvelles racines
   b. Couper les racines à la base avant plantation
   c. Faire tremper les racines dans un mélange argileux avant la plantation

6. **Qu'est-ce qu'une cochenille ?**
   a. Un insecte piqueur-suceur appartenant à l'ordre des hémiptères
   b. Un champignon blanc s'attaquant aux plantes vivaces
   c. Une jolie plante herbacée poussant dans la colline

7. **Quel est le meilleur moment pour effectuer une greffe ?**
   a. À la pleine lune
   b. À la lune croissante
   c. À la lune décroissante

8. **Qu'est-ce que le rutabaga ?**
   a. Une tomate
   b. Une carotte
   c. Un navet

9. **Quel est le mois le plus propice à la fleuraison des rosiers ?**
   a. Avril
   b. Mai
   c. Juin

10. **Quelle est l'astuce pour garder ses ongles propres pendant le jardinage ?**
    a. Griffer du savon pour remplir l'espace entre la peau et les ongles
    b. Se tremper les mains dans l'eau puis dans l'huile
    c. Mettre des gants, bien évidemment

GÉOGRAPHIE

Tour du monde

Et si on se lançait dans un tour du monde fictif pour savoir à quel point vous être doué(e)s en géo ?
À partir des images suivantes, reconnaitrez-vous ces capitales du monde ?

1. .... 2. .... 3. .... 4. .... 5. ....

6. .... 7. .... 8. .... 9. .... 10. ....

CULTURE GÉNÉRALE

Jocker 2, le retour

À l'occasion de la prochaine sortie du film Joker 2, Le Cahier de vacances vous catapulte, ni une ni deux, dans l'univers des super-héros et de leur méchants tout aussi passionnants...

1. **Qui est le réalisateur de *Joker 1* et *Joker 2* ?**
   a. Christopher Nolan
   b. Matt Reeves
   c. Todd Phillips

2. **Quel acteur joue Joker dans les deux opus ?**
   a. Joaquin Phoenix
   b. Jared Leto
   c. Mark Hamill

3. **Comment s'appelle le 2ᵉ opus à venir ?**
   a. Joker : Folie à deux
   b. Joker : Folie à trois
   c. Joker : Folie à quatre

4. **Qui y interprète Harley Quinn ?**
   a. Kaley Cuoco
   b. Margot Robbie
   c. Lady Gaga

5. **De quel univers de BD sont issus Batman et Joker ?**
   a. Marvel
   b. DC Comics
   c. Vertigo

6. **Lequel de ces super-héros n'appartient pas à Marvel ?**
   a. Iron Man
   b. Ant-Man
   c. Aquaman

7. **Quelle est l'arme de prédilection de Wonder Woman ?**
   a. Le lasso de la vérité
   b. le vortex noir
   c. La flèche gant de boxe

8. **Qui joue le rôle de Joker dans *Batman* de Tim Burton ?**
   a. Jack Nicholson
   b. Michael Keaton
   c. Michelle Pfeiffer

9. **Comment s'appelle le méchant joué par Danny DeVito dans Batman : Le défi ?**
   a. Edward Nigma, dit le Sphinx
   b. Oswald Cobblepot, dit le Pingouin
   c. Jonathan Crane, dit l'Épouvantail

10. **À quoi s'attendre à la sortie du prochain Joker ?**
    a. À avoir un peu mal aux yeux car cela n'arrête pas de péter dans les sens
    b. À avoir un peu mal à la tête car les dialogues sont très très compliqués
    c. À avoir un peu mal aux oreilles car ce film a tout l'air d'une comédie musicale

MOTS CACHÉS

Pour ces mots cachés, le principe est simple : dans chaque grille nous avons dissimulé dix mots à trouver. Les mots peuvent être trouvés horizontalement, verticalement, en oblique, à l'endroit ou à l'envers. Les mots peuvent s'entrecouper et une même lettre peut faire partie de plusieurs mots de la grille…

À vous de jouer !

1. Vacances à la mer

Trouvez les dix mots cachés dans cette grille.

ATLANTIQUE • ÉCUME • FALAISE • LAGUNE • LITTORAL • MARITIME • NAVIGATION • PLAGE • RIVAGE • SABLE

D	S	A	Y	J	V	I	Y	B	V	F	C	H	N	M
V	A	X	M	A	R	I	T	I	M	E	J	M	A	R
G	B	L	A	F	X	A	E	S	Y	Q	W	X	V	V
E	L	C	G	T	P	T	I	Z	M	K	C	S	I	D
G	E	D	V	A	L	L	O	T	F	T	H	I	G	Z
A	Z	O	J	H	B	A	A	I	N	Y	O	X	A	X
V	U	Z	X	B	Y	M	N	R	V	M	Q	N	T	F
I	T	U	S	B	E	H	C	T	O	T	W	L	I	M
R	G	W	E	G	S	K	E	N	I	T	T	L	O	X
W	C	R	M	T	I	G	E	E	S	Q	T	X	N	W
O	S	O	S	S	A	M	M	Q	Z	R	U	I	S	I
U	B	F	V	L	L	H	U	Q	J	M	B	E	L	R
M	Y	C	P	N	A	L	C	B	C	V	J	P	L	N
R	R	P	F	J	F	I	E	G	P	E	T	K	S	A
I	O	Y	D	P	K	L	A	G	U	N	E	Q	A	G

2. Vacances à la montagne

Trouvez les dix mots cachés dans cette grille.

ALPINISME • ALTITUDE • CASCADE • ESCALADE • GROTTE • MASSIF • RANDONNÉE • SOMMET • VALLÉE • VÉGÉTATION

K	U	I	A	D	J	R	F	M	U	R	X	E	E	G
H	V	D	V	X	I	P	I	H	Q	W	A	X	D	D
B	A	L	P	I	N	I	S	M	E	S	D	L	A	E
R	S	G	T	V	P	A	S	N	K	Q	W	U	C	E
S	G	V	A	V	X	M	A	A	N	A	Q	F	S	Z
S	G	J	U	Y	R	Z	M	G	K	K	X	C	A	Z
N	O	I	T	A	T	E	G	E	V	E	A	X	C	L
Ç	T	S	M	S	V	T	K	M	K	L	K	U	O	F
R	L	V	J	N	S	I	C	D	A	C	F	B	T	B
J	V	C	J	O	Z	N	P	D	M	U	E	O	G	R
G	B	F	M	V	D	U	E	C	S	S	I	C	N	V
L	P	M	E	A	L	T	I	T	U	D	E	L	F	Y
H	E	C	G	R	O	T	T	E	C	R	A	C	U	F
T	T	R	V	N	M	N	G	V	A	L	L	E	E	G
O	V	O	R	A	N	D	O	N	N	E	E	B	F	I

56

3. Vacances à la campagne

Trouvez les dix mots cachés dans cette grille.

AGRICOLE • CALME • CHAMP • FERME • PAYSAGE • PRAIRIE • RURALITÉ • TERRE • VILLAGE • VILLÉGIATURE

M	P	L	O	O	L	D	N	A	G	T	P	Z	A	T
O	P	O	Z	V	F	W	K	E	Y	J	S	H	T	X
I	R	H	S	B	W	L	Q	W	B	Y	A	Y	X	P
R	B	R	U	R	A	L	I	T	E	J	E	R	E	R
W	M	R	E	N	Z	Q	H	Z	R	E	G	X	M	A
A	E	V	M	L	T	F	W	V	U	C	A	X	F	I
T	C	C	R	I	X	Y	S	S	T	D	S	P	Z	R
T	K	A	E	I	U	C	P	J	A	U	Y	M	B	I
E	N	L	F	E	F	M	V	N	I	U	A	O	N	E
Y	S	M	Q	N	A	I	U	C	G	G	P	V	D	I
M	T	E	A	H	L	E	R	R	E	T	H	D	N	S
I	Y	R	C	L	F	U	Q	M	L	N	R	E	D	E
D	P	B	A	P	C	A	V	C	L	L	D	Y	F	B
F	S	G	P	E	Q	A	G	R	I	C	O	L	E	N
D	E	I	B	H	O	A	J	W	V	E	A	W	U	F

4 Vacances à la ville

Trouvez les dix mots cachés dans cette grille.

ARTISTIQUE • COSMOPOLITE • CULTURE • ÉDIFICE • MÉTROPOLE • MONUMENT • MUSÉE • PATRIMOINE • URBAIN • VISITE

F	L	G	P	N	G	T	J	D	F	O	Y	Q	I	L
Z	E	U	E	A	Q	D	O	J	I	T	K	T	Y	J
J	C	Z	U	T	T	J	G	D	A	X	Y	E	G	E
I	I	P	Q	K	I	R	Y	C	L	U	Y	D	W	Z
K	F	F	I	Z	G	L	I	O	U	F	X	D	O	V
E	I	N	T	R	X	L	O	M	E	L	X	Q	L	M
T	D	Y	S	N	R	B	U	P	O	E	T	Y	D	E
I	E	R	I	U	R	T	J	M	O	I	S	U	B	L
S	M	E	T	R	O	P	O	L	E	M	N	U	R	H
I	R	F	R	I	P	N	P	W	D	D	S	E	M	E
V	G	R	A	U	U	U	R	B	A	I	N	O	Z	U
W	D	I	N	M	I	Q	E	V	X	B	Q	R	C	J
D	I	J	E	Q	E	B	Y	V	W	Y	N	L	D	S
B	O	N	X	L	Y	D	D	G	U	Y	Z	L	J	X
H	T	L	I	H	T	C	A	R	K	E	D	P	O	F

57

FRANÇAIS

Expressions belges, une fois !

**Petite visite au pays de la frite, avec un florilège d'expressions belges à coucher dehors...
Reliez l'expression à sa bonne définition !**

1. Mordre sur sa chique
2. Se prendre une douf(fe)
3. Être bleu de quelqu'unnnière
4. Sucer de son pouce
5. Avoir un œuf à peler
6. Être dur à la comprenure
7. Perdre ses tartines
8. Tirer son plan
9. Faire la guindaille
10. Brosser les cours

a. Deviner quelque chose
b. Se débrouiller
c. Faire l'école buissonnière
d. Faire la fête
e. Encaisser, prendre sur soi
f. Se prendre une bonne cuite
g. Être long à la détente
h. Perdre la tête
i. Avoir des comptes à régler
j. Être amoureux

MATHS

Quiz 10/10 !

**Interro surprise ! Défi mathématiques : 10/10 à ce quiz !
Entourez la bonne réponse. Et ce, le plus rapidement possible, cela va de soi.**

1. **Combien y a-t-il de 0 dans 100 milliards ?**
   a. 9
   b. 11

2. **De quoi parle le théorème de Thalès ?**
   a. Des angles et des surfaces
   b. Des relations de proportionnalité

3. **De quoi le produit est-il le résultat ?**
   a. D'une soustraction
   b. D'une multiplication

4. **Comment appelle-t-on un polygone à dix côtés ?**
   a. Un décagone
   b. Un dodécagone

5. **Quel est le nombre de dizaines de millions dans 297610538297610538 ?**
   a. 27
   b. 29

6. **Si le rayon d'un cercle mesure 10 cm, combien mesure son diamètre ?**
   a. 20
   b. 25

7. **Que représente le symbole Z ?**
   a. L'ensemble des nombres décimaux
   b. L'ensemble des entiers relatifs

8. **Combien font 6 x 6 x 6 ?**
   a. 166
   b. 216

9. **Quel est l'autre nom possible pour la circonférence d'un cercle ?**
   a. Le diamètre
   b. Le périmètre

10. **Quelle est la valeur de Pi avec ses 30 premières décimales ?**
    a. 3,1415926535 8979323846 2643383279
    b. 3,5820974944 5923078164 0628620899

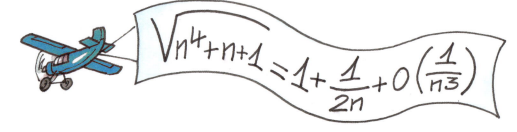

$$\sqrt{n^4+n+1} = 1 + \frac{1}{2n} + O\left(\frac{1}{n^3}\right)$$

HISTOIRE

Objectif 10/10

L'été, c'est le moment de revoir nos connaissances et de se mettre à jour sur ce qu'on ne saurait pas encore. Prêt(e) à réviser l'histoire de France ? Entourez la bonne réponse.

1. Comment s'appelait le peuple de Clovis ?
 a. Les Carolingiens
 b. Les Mérovingiens
 c. Les Capétiens

2. En quelle année la France est-elle passée à l'euro ?
 a. 2000
 b. 2002
 c. 1999

3. Quel est le symbole de la France ?
 a. Une colombe
 b. Un coq
 c. Un aigle

4. Quelle année marque l'abolition de la monarchie en France ?
 a. 1792
 b. 1789
 c. 1799

5. Quel peintre est à l'origine du tableau *La Liberté guidant le peuple* ?
 a. Claude Monet
 b. Edgar Degas
 c. Eugène Delacroix

6. En quelle année a été votée la loi Veil légalisant l'interruption volontaire de grossesse ?
 a. 1970
 b. 1975
 c. 1980

7. Quel surnom donne-t-on à Paris ?
 a. La ville rêvée
 b. La ville nocturne
 c. La ville lumière

8. Suite à quel événement La Marseillaise est-elle devenue l'hymne national français ?
 a. La Révolution française
 b. La Première Guerre Mondiale
 c. La Seconde Guerre Mondiale

9. Quelle est la meilleure place obtenue par l'équipe de France féminine de football en Coupe du monde ?
 a. Vainqueur
 b. Quatrième
 c. Sixième

10. Combien y a-t-il de régions en France ?
 a. 12
 b. 14
 c. 18

CULTURE GÉNÉRALE

Le Nirvana selon Kurt !

Il y a 30 ans disparaissait le leader de Nirvana, icône du Grunge et de la contre-culture américaine. « Come as you are, as you were » pour ce petit hommage à Kurt Cobain !

1. Où est né Kurt Cobain ?
 a. À Aberdeen dans l'État de Washington
 b. À Seattle dans l'État de Washington

2. Quel est le vrai nom de Kurt Cobain ?
 a. Kurt Donald Cobain
 b. Kurt Joe Cobain

3. Comment s'appelle le premier album de Nirvana ?
 a. In Utero
 b. Bleach

4. De combien est le billet convoité par le bébé nageur sur la pochette de *Nevermind* ?
 a. 1 $
 b. 100 $

5. Qui Kurt épouse-t-il en 1992 ?
 a. Courtney Love
 b. Lova Moor

6. Qui est le bassiste de Nirvana ?
 a. Dave Grohl
 b. Krist Novoselic

7. Avant la musique, quelle est la passion de Kurt Cobain ?
 a. Le dessin
 b. Le commerce

8. Dans quel album figure la chanson *Come as You Are* ?
 a. Incesticide
 b. Nevermind

9. Comment s'appelle l'ami imaginaire de Kurt Cobain ?
 a. Bouddha
 b. Boddah

10. Quel job exerce Kurt Cobain avant la création de Nirvana ?
 a. Baby-Sitter
 b. Concierge

11. Comment s'appelle la fille du chanteur ?
 a. Frances
 b. Dolores

12. De quel célèbre club Kurt Cobain est-il l'un des membres ?
 a. Le Club des 5
 b. Le Club des 27

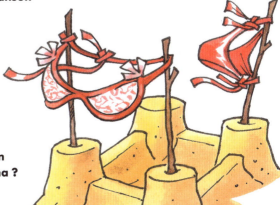

LITTÉRATURE

L'insoutenable richesse de l'œuvre de Kundera

Milan Kundera nous quittait il y a an déjà... Testez vos connaissances sur l'écrivain des paradoxes de l'existence, auteur de *L'Insoutenable légèreté de l'être* et de *L'ignorance*.

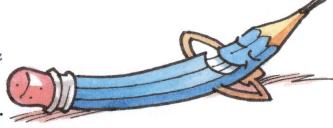

1. De quelle origine est Milan Kundera ?
a. Française
b. Tchèque
c. Slovaque

2. Quelle est sa date de naissance ?
a. Le 1er avril 1929
b. Le 2 avril 1939
c. Le 3 avril 1949

3. À quel roman appartiennent les personnages Tereza, Tomas et Sabina ?
a. *Risibles Amours*
b. *La Fête de l'insignifiance*
c. *L'Insoutenable légèreté de l'être*

4. En combien de parties se structure la grande majorité des livres de Kundera ?
a. 3
b. 5
c. 7

5. Quels sont les principaux thèmes abordés dans ses œuvres ?
a. L'amour et l'infidélité
b. L'humour et l'identité
c. Le glamour et la rivalité

6. Comment s'appelle le personnage principal de «La Plaisanterie» ?
a. Ludwig
b. Ludvik
c. Ludo

7. Quel est l'incipit des Risibles Amours ?
a. « Ainsi, après bien des années, je me retrouvais chez moi. »
b. « La dame pouvait avoir soixante, soixante-cinq ans. »
c. « Verse-moi encore un verre de slivovice, me dit Klara, et je ne fus pas contre. »

8. En quelle année Milan Kundera entre-t-il dans la prestigieuse Pléiade ?
a. En 2001
b. En 2011
c. En 2021

9. Quel ouvrage est adapté au cinéma en 1988 ?
a. *L'Insoutenable légèreté de l'être*
b. *Le Livre du rire et de l'oubli*
c. *La Lenteur*

10. Dans quelle station balnéaire huppée Kundera choisit-il d'établir sa résidence secondaire ?
a. Le Crotoy
b. La Baule
c. Le Touquet-Paris-Plage

SCIENCES

Quiz lunaire

La Lune, ses mythes et ses mystères attirent l'humanité depuis des millénaires. Saurez-vous briller par vos réponses à ce quiz dédié au satellite de la Terre ? Il est encore temps de s'éclipser... À vous de jouer !

1. Quelle distance, en moyenne, sépare la Lune de la Terre ?
a. 284 400 km
b. 384 400 km
c. 484 400 km

2. Comment reconnaître la nouvelle lune ?
a. Le disque lunaire est plein mais sombre
b. La Lune forme un léger croissant
c. La Lune brille plus que d'habitude

3. Quel est le diamètre de la Lune ?
a. 3 475 km
b. 6 779 km
c. 12 742 km

4. En combien de temps la Lune fait-elle le tour de la Terre ?
a. 21 jours
b. 23 jours
c. 27 jours

5. Laquelle de ses croyances sur la pleine Lune n'existe pas ?
a. La pleine Lune pour rendre amoureux
b. La pleine Lune pour accoucher
c. La pleine Lune pour blanchir le linge

6. Combien y a-t-il de phases lunaires ?
a. 3
b. 6
c. 8

7. Quels phénomènes terrestres sont directement provoqués par l'influence de la Lune ?
a. Les séismes
b. Les tempêtes
c. Les marées

8. Quelle est la couleur de la Lune dans la phase principale d'une éclipse Lune ?
a. Rouge
b. Bleue
c. Verte

9. À quel moment du cycle lunaire parle-t-on de la Lune gibbeuse ?
a. Quand la Lune est pleine
b. Quand la Lune apparait partiellement arrondie
c. Quand la Lune forme un croissant parfait

10. Combien de temps faudrait-il pour atteindre la Lune à bord d'une voiture volante, à une vitesse de croisière de 100 km/h ?
a. 5 jours
b. 5 mois
c. 1 ans

GÉOGRAPHIE

Les monuments français

Les vacances d'été sont le moment idéal pour découvrir et visiter de nouveaux endroits. Et pour cela, nous sommes plutôt chanceux ! Grâce à sa richesse culturelle, la France regorge de monuments historiques sensationnels. Cap ou pas cap de les reconnaître ?

1. .... 2. .... 3. .... 4. .... 5. ....

6. .... 7. .... 8. .... 9. .... 10. ....

CULTURE GÉNÉRALE

Danny + Sandy

Cette année, nous fêtons les 70 ans de John Travolta ! Et quel meilleur moyen de le célébrer qu'en répondant à un quiz sur le film culte pour lequel il est connu ? Danny et Sandy ont marqué plus d'une génération mais êtes-vous capable de faire un sans-faute à ce quiz spécial Grease ?

1. En quelle année est sorti le film Grease ?
 a. 1967
 b. 1773
 c. 1978

2. Quel est le nom de famille du personnage de Danny ?
 a. Zuko
 b. Kozu
 c. Zoku

3. Qui est le réalisateur de Grease ?
 a. Emile Ardolino
 b. Randal Kleiser
 c. John Badham

4. À quel personnage du film doit-on la réplique : « Vends-moi tes salades, mec ! » ?
 a. Sandy
 b. Danny
 c. Betty

5. Quand se rencontrent Danny et Sandy ?
 a. À la rentrée
 b. Avant la rentrée
 c. Après la rentrée

6. Quel nom porte le groupe des garçons ?
 a. Les Black boys
 b. Les T-Boys
 c. Les T-Birds

7. Complétez cette réplique de Sandy : « Je ne veux plus... Et je voudrais ne jamais avoir posé les yeux sur toi. »
 a. Te parler
 b. Te voir
 c. Entendre parler de toi

8. Dans quel pays a été produit Grease ?
 a. États-Unis
 b. Australie
 c. Nouvelle Zélande

9. Où sont les garçons lorsqu'ils chantent Greased Lightning ?
 a. Dans la cour
 b. Dans l'école
 c. Dans le garage

10. Qui est le meilleur ami de Danny ?
 a. Kenickie
 b. Sonny
 c. Doody

LES FEMMES DANS L'HISTOIRE

Des aventurières, des scientifiques, des militantes : quatre quiz pour découvrir ou redécouvrir de grandes femmes qui ont fait l'histoire.

À vous de jouer !

A. Bessie Coleman

Connaissez-vous Bessie Coleman ? Quiz sur cette aventurière hors pair.

1. Qui est Bessie Coleman ?
a. Une aviatrice
b. Une pilote de course

2. En quelle année est-elle née ?
a. 1892
b. 1902

3. Où est-elle née ?
a. À Jacksonville, Floride, États-Unis
b. A Atlanta, Texas, États-Unis

4. Quelle est sa particularité ?
a. C'est-la première femme noire à piloter
b. C'est la première personne d'origine afro-américaine et amérindienne à piloter

5. Où a-t-elle appris à piloter ?
a. Aux États-Unis
b. En France

6. En quelle année obtient-elle sa licence de pilote ?
a. En 1921
b. En 1925

7. Sur quel appareil apprend-elle à piloter ?
a. Un biplan Nieuport type 82
b. Un curtis JN-4

8. Quel était son premier métier ?
a. Institutrice
b. Manucure

9. Comment décède-t-elle ?
a. Lors d'un accident de voiture
b. Lors d'un accident d'avion

10. En quelle année décède-t-elle ?
a. En 1926
b. En 1928

B. Margareth Atwood

Margareth Atwood est une romancière féministe, notamment connue pour avoir écrit La servante écarlate, livre qui s'est vendu à plusieurs millions d'exemplaires à travers le monde.

1. En quelle année Margareth Atwood est-elle née ?
a. 1939
b. 1945

2. Qu'elle est la nationalité de Margareth Atwood ?
a. Américaine
b. Canadienne

3. Quel est le titre original de son livre La servante écarlate ?
a. The Red Handmaid
b. The Handmaid's Tale

4. En quelle année La servante écarlate est-il publié ?
a. 1985
b. 1995

5. En 2017, comment son best-seller La servante écarlate a-t-il été adapté ?
a. En film
b. En série télévisée

6. Comment qualifier La servante écarlate ?
a. Une dystopie
b. Un essai féministe

7. Dans son œuvre quelle thématique aborde souvent Margareth Atwood ?
a. Des personnages féminins face à une société patriarcale
b. Un système économique basé sur l'esclavage

8. Dans La servante écarlate, quel est le rôle de l'héroïne ?
a. Elle s'occupe des tâches domestiques
b. Elle doit être mère porteuse

C. Rosa Parks

Qui est Rosa Parks ? Quiz sur ce grand nom qui lutta contre le racisme et ségrégation.

1. **Qui est Rosa Parks ?**
   a. Une espionne féministe
   b. Une icône du mouvement des droits civiques

2. **Où est née Rosa Parks ?**
   a. A Tuskegee, Alabama, États-Unis
   b. A Détroit, Michigan, États-Unis

3. **Quand est-elle née ?**
   a. En 1913
   b. En 1923

4. **Enfant, son école pour enfants noirs est brûlée, par qui ?**
   a. L'Aryan Nation
   b. Le Klu Klux Klan

5. **Pour quoi est-elle connue ?**
   a. Pour s'être impliquée contre les violences sexuelles faites aux femmes noires
   b. Pour avoir refusé de céder sa place à un homme blanc dans un bus

6. **Quelle personnalité, entre autres, soutient Rosa Parks ?**
   a. Edgar Nixon
   b. Martin Luther King

7. **En quelle année les lois ségrégationnistes sont-elles abolies ?**
   a. 1962
   b. 1964

8. **Comment se nomme la loi de 1965 qui interdit toute forme de discriminations dans les lieux publics ?**
   a. Civil Right Act
   b. Civil Black Act

D. Florence Arthaud

Navigatrice française de talent, Florence Arthaud a participé à de nombreuses courses et elle a notamment été la première femme à avoir remporté la Route du Rhum. Retour sur son parcours en quelques questions

1. **En quelle année est-elle née ?**
   a. 1955
   b. 1957

2. **Quel est son surnom ?**
   a. La petite fiancée de l'Atlantique
   b. La petite sirène de l'Atlantique

3. **Quel âge a-t-elle lorsqu'elle effectue sa première traversée de l'Atlantique ?**
   a. 18 ans
   b. 19 ans

4. **En quelle année remporte-t-elle la Route du Rhum ?**
   a. 1986
   b. 1990

5. **Sur quel bateau remporte-t-elle la Route du Rhum**
   a. Pierre 1er
   b. Guy Cotten

6. **En combien de temps remporte-t-elle la Route du Rhum ?**
   a. 13 jours 13 heures et 10 minutes
   b. 14 jours 10 heures et 10 minutes

7. **En quelle année remporte-t-elle la Transpacifique avec Bruno Peyron ?**
   a. 1995
   b. 1997

8. **Comment perd-elle la vie en 2015 ?**
   a. Lors d'un accident d'hélicoptère
   b. Lors d'un naufrage dans l'Atlantique

FRANÇAIS

Le participe passé

Le participe passé des verbes conjugués avec être s'accorde en genre et en nombre avec le sujet. Avec avoir, on accorde en genre et en nombre avec le COD seulement si ce dernier précède le verbe. Pour vous entraîner, accordez le verbe au temps approprié !

1. Ma femme ne s'était jamais (rendre compte) .... que je suis beau.

2. Cette fille, je l'ai (épouser) .... pour le meilleur et pour le pire, pas pour qu'on déjeune ensemble.

3. Les as-tu (retrouver) ...., tes clés de bagnole ?

4. (Voir) .... du soleil, à quoi ressemblerait une maison ?

5. Nous avons (ramasser) .... ces billets par terre.

6. Ces fleurs, je les ai (cueillir) .... pour toi.

7. Cette voiture ne vaut pas les 10 000 euros qu'elle a (coûter) ....

8. Ces places de concert, nous les avons (acheter) .... ensemble.

9. Mes parents ne se sont (disputer) .... qu'une fois en 45 ans. Ça a (durer) .... 43 ans.

10. La seule chose que nous avons en commun mon mari et moi ? Nous sommes (marier) .... le même jour.

MATHS

Quiz 100 % maths

On commence en douceur avec un quiz sur les unités de mesure, parce que mine de rien on s'en sert tout le temps : que ce soit pour doser un mojito ou pour la pâte à crêpe, il faut s'y connaître ! Cocher les bonnes réponses, mais attention, il peut y à avoir plusieurs réponses correctes...

1. **1 litre de bière belge est égal à :**
   a. 10 décilitres
   b. 100 centilitres
   c. 0,01 hectolitre

2. **1 pinte de bière française est égale à :**
   a. 500 centilitres
   b. 500 millilitres
   c. 500 millimètres

3. **1 kilomètre de plage de sable fin est égal à :**
   a. 10 000 centimètres
   b. 1 000 mètres
   c. 100 décamètres

4. **La longueur d'une piscine olympique pour les vacanciers sportifs est égale à :**
   a. 50 mètres
   b. 500 décamètres
   c. 50 000 millimètres

5. **La glacière du pique-nique est bien remplie, 10 kilos à bout de bras, soit :**
   a. 0,01 tonne
   b. 1 000 grammes
   c. 15 livres

6. **Un gramme de plaisir vaut :**
   a. 10 000 milligrammes
   b. 1 000 milligrammes
   c. 100 milligrammes

7. **Si vous passez vos vacances « gratos » chez un viticulteur promettant de vendanger 1 hectare, ça correspond à :**
   a. 1 000 ares
   b. 10 000 mètres carrés
   c. 0,1 kilomètres carrés

HISTOIRE

Objectif sans faute !

Il a 100 ans disparaissait Lénine. L'homme politique russe a marqué l'histoire de son pays, avec ses conceptions politiques qui font du parti l'élément moteur de la lutte des classes et de la dictature du prolétariat. Entourez les bonnes réponses.

1. Lénine naît en 1870 à :
   a. Moscou
   b. Simbirsk
   c. Astrakhan

2. Lénine est un pseudo ayant pour origine :
   a. Le nom d'un fleuve sibérien, la Léna
   b. Le nom de son premier chien
   c. Un ancêtre lointain

3. Le vrai nom de Lénine était :
   a. Alexandre Potressov
   b. Vladimir Oulianov
   c. Lev Davidovitch Bronstein

4. Quelle couleur représente le parti ouvrier social-démocrate de Russie ?
   a. Bleu
   b. Noir
   c. Rouge

5. Il fut l'un des principaux dirigeants du courant :
   a. Mencheviks
   b. Leninviks
   c. Bolchevik

6. Son premier traité politique, écrit en 1901, s'appelle :
   a. « Causerie populaire »
   b. « Que faire ? »
   c. « L'État et la Révolution »

7. Qui succède à Lénine à sa mort :
   a. Joseph Staline
   b. Léon Trotski
   c. Julius Martov

8. Après sa mort, les idées de Lénine sont regroupées sous le nom de :
   a. Léninisme
   b. Marxisme
   c. Léninité

9. Dans le film *The King's Man : Première mission*, sorti en 2021, Lénine est interprété par :
   a. Ralph Fiennes.
   b. Daniel Brühl
   c. August Diehl

CULTURE GÉNÉRALE

Tour de France !

Le Tour de France 2024 se déroule du 29 juin au 21 juillet et prend son départ dans la ville de Florence. Passez à la vitesse supérieure pour sortir de quiz vainqueur !

1. Qui est le vainqueur du Tour de France 2023 ?
   a. Bjarne Riis
   b. Jonas Vingegaard

2. De quelle nationalité est-il ?
   a. Danoise
   b. Suisse

3. Combien de fois remporte-il cette prestigieuse compétition ?
   a. 2
   b. 3

4. Quel est l'autre nom du Tour de France ?
   a. Le Tour de la boucle
   b. La Grande Boucle

5. Sur combien d'étapes la course se déploie-t-elle ?
   a. 11
   b. 21

6. Quel col est décrit comme l'une des ascensions les plus dures au monde en 2023 ?
   a. Le col de la Loze
   b. Le col de Cante Couyoul

7. Combien y-avait-il de participants pour l'édition de 2023 ?
   a. 176
   b. 196

8. Quelle somme faut-il mettre dans son vélo de course pour remporter le Tour de France ?
   a. Entre 1000 et 7000 euros
   b. Entre 7000 et 15 000 euros

9. Dans quelle ville se clôture le Tour cette année ?
   a. À Marseille
   b. À Nice

10. Au quantième Tour de France assistons-nous en 2024 ?
   a. 111e
   b. 112e

LITTÉRATURE

Eugène Ionesco

Voilà 30 ans que le célèbre dramaturge et écrivain Eugène Ionesco nous a quittés. Il est l'un des rares auteurs « classiques » à avoir été nommé comme tel de son vivant. Et si on revenait un peu sur sa vie et sa carrière ?

1. Eugène Ionesco avait une double nationalité. Il était...
   a. Franco-roumain
   b. Franco-polonais
   c. Franco-bulgare

2. Quelle est la première pièce de théâtre qu'il a écrite ?
   a. *Rhinocéros*
   b. *Victimes du devoir*
   c. *La Cantatrice chauve*

3. À quel courant théâtral appartenait-il ?
   a. Le drame
   b. Le théâtre de l'absurde
   c. La comédie ballet

4. Quelle autre profession a exercé Ionesco en plus de dramaturge et écrivain ?
   a. Correcteur
   b. Sculpteur
   c. Peintre

5. Quel est l'adjectif donné à ses œuvres ainsi qu'à sa manière de penser ?
   a. Ionescien
   b. Ionescan
   c. Ionescal

6. Que n'a-t-il pas écrit ?
   a. Des essais
   b. Des poèmes
   c. Des scénarios

7. En quelle année a-t-il été nommé chevalier de la Légion d'honneur ?
   a. 1970
   b. 1978
   c. 1984

8. Dans la pièce *Le Roi se meurt*, d'Eugène Ionesco, comment se nomme le roi ?
   a. Louis XVI
   b. Henry II
   c. Béranger Ier

9. En quelle année a été publiée sa première œuvre ?
   a. 1950
   b. 1942
   c. 1958

10. En quelle année est-il né ?
    a. 1908
    b. 1909
    c. 1910

SCIENCES

L'intelligence artificielle

L'essor de l'intelligence artificielle ne cesse de révolutionner nos vies et le monde de la technologie. Testez vos connaissances grâce à votre propre intelligence.

1. L'intelligence artificielle associe les logiciels à des composants physiques pour s'adapter au mieux aux situations
   VRAI ou FAUX

2. L'IA permet d'analyser des scènes en temps réel et de conseiller les usagers dans leur quotidien.
   VRAI ou FAUX

3. Le terme intelligence artificielle est utilisé pour la première fois par John McCarthy en 1966.
   VRAI ou FAUX

4. L'IA permet désormais d'aider l'homme à la prise de décision.
   VRAI ou FAUX

5. Le Machine Learning apprend aux machines à tirer des enseignements des données et à s'améliorer avec l'expérience.
   VRAI ou FAUX

6. Sam Altman est le fondateur de ChatGPT.
   VRAI ou FAUX

7. L'IA Siri est introduite en 2011 avec l'iPhone 5c.
   VRAI ou FAUX

8. Pour lancer ChatGPT Voice, il est possible de passer directement par Siri.
   VRAI ou FAUX

9. L'IA forte vise à créer des machines intelligentes qui ne se distinguent pas de l'esprit humain.
   VRAI ou FAUX

10. Alexia est un assistant vocal intelligent qui sait rire et faire des blagues.
    VRAI ou FAUX

GÉOGRAPHIE

United States of America

Les États-Unis occupent la moitié d'un continent. Ils constituent un pays riche en histoire et en culture, qui s'est imposé comme la plus grande puissance mondiale. Ce quiz a donc pour objectif de vous en apprendre le plus possible sur cette nation ! Entourez la bonne réponse.

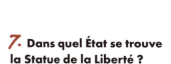

1. Combien y a-t-il d'États aux États-Unis ?
 a. 48
 b. 50
 c. 52

2. Que fête-t-on le 4 Juillet aux États-Unis ?
 a. Independence Day
 b. Martin Luther King Day
 c. Memorial Day

3. Lesquels de ces États sont-ils les plus éloignés ?
 a. Minnesota - New-York
 b. Kansas - Illinois
 c. Washington - Floride

4. Dans quel État se trouve Hollywood ?
 a. En Floride
 b. En Californie
 c. En Virginie

5. Quel État est connu pour ses casinos ?
 a. Le Texas
 b. L'Arizona
 c. Le Nevada

6. Lequel de ces États n'est pas séparé en partie nord et partie sud ?
 a. L'Utah
 b. Le Dakota
 c. La Caroline

7. Dans quel État se trouve la Statue de la Liberté ?
 a. New York
 b. Washington
 c. Géorgie

8. Lesquels de ces États sont les plus proches ?
 a. Oklahoma - Ohio
 b. Colorado - Nebraska
 c. Nevada - Winsconsin

9. Laquelle de ces villes se situe dans l'État de Virginie ?
 a. Portland
 b. Houston
 c. Quantico

CULTURE GÉNÉRALE

Karl Lagerfeld ou le « Kaiser de la mode »

Star interplanétaire de la haute couture et icône de « la haute » tout court, Karl Lagerfeld nous quittait il a 5 ans... Retour imminent sur la carrière du dandy en noir et blanc !

1. De quelle nationalité est Karl Lagerfeld ?
 a. Allemande
 b. Italienne
 c. Autrichienne

2. Quel est son vrai nom ?
 a. Karl Vito Lagerfeldt
 b. Karl Niko Lagerfeldt
 c. Karl Otto Lagerfeldt

3. Quel célèbre top model lance-t-il à la fin des années 80 ?
 a. Naomi Campbell
 b. Linda Evangelista
 c. Claudia Schiffer

4. Comment s'appelle son chat ?
 a. Poupette
 b. Choupette
 c. Bichounette

5. Laquelle de ces citations est de Karl Lagerfeld ?
 a. « L'élégance n'est ni une question de porte-manteaux, ni une question de porte-monnaie. »
 b. « Les meilleures choses dans la vie sont gratuites. Les deuxièmes meilleures choses sont très chères. »
 c. « Le noir est mon refuge, le noir est un trait sur la page blanche. »

6. Pour quel magasin de prêt-à-porter lance-t-il une collection capsule en 2004 ?
 a. H&M
 b. Zara
 c. Gap

7. En quelle année Karl Lagerfeld devient-il le directeur artistique de Chanel ?
 a. En 1973
 b. En 1983
 c. En 1993

8. Pourquoi le défilé Chanel du 6 mars 2018 au Grand Palais créé-t-il la polémique ?
 a. Toute la collection contient de la fourrure d'ours polaires
 b. Les mannequins défilent avec des animaux empaillés
 c. La scène est constituée de chênes fraîchement coupés

9. Chez quelle griffe parisienne Karl Lagerfeld officie-t-il de 1963 à 1984 ?
 a. Hermès
 b. Chloé
 c. Jacquemus

SUDOKUS

Les règles du sudoku sont simples : une grille de sudoku contient neuf lignes et neuf colonnes, donc 81 cases au total. En partant des chiffres déjà inscrits, remplissez les grilles de manière que chaque ligne, chaque colonne et chaque carré de 3 x 3 contienne une seule et unique fois tous les chiffres de 1 à 9.

À vous de remplir ces grilles réparties selon quatre niveaux : facile, moyen, difficile et expert.

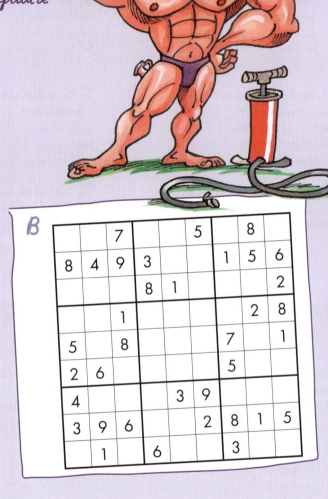

E

	7				4			
				3				9
9		1	8	5		6		
					5	4	1	7
	9	5				3	2	
2	7	4	1					
		3		7	6	5		4
7			3					
	2						1	

F

8	6				9		4	
			6		4	8		1
4				5		9	2	
		7		8				
2	8		3		6		9	7
				1		3		
	9	8		6				4
7		2	4		8			
	1		5				8	9

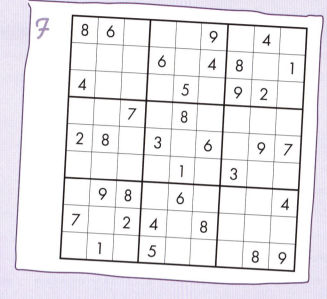

G

			6	7	4	3		5
			3			2	1	
		8	1					
	1					9	2	3
			8	3	2			
2	4	3					5	
					8	4		
	9	4			3			
3		7	4	5	6			

H

	8		4	1				
2		4					7	
	6		3	8	7	2		4
			8					2
8			1		5			7
6				2				
3		5	7	2	9		8	
	2					9		5
			4	5		7		

69

FRANÇAIS

Le mot qu'il faut

La langue française est une langue riche, variée et pleine de subtilités. Il n'est donc pas rare de faire des bourdes et qu'entre deux mots, on se mélange les pinceaux ! Retrouvez le mot qu'il faut !

1. Kévin s'est montré très **compréhensible** ou **compréhensif** quand Lola lui a annoncé sa liaison avec Tony.
2. J'ai **amené** ou **emmené** Milou, mon toutou, chez Scooby Doux, mon toiletteur pour chien. Ça a pris trois heures !
3. Docteur Roger Bobola m'a **proscrit** ou **prescrit** des comprimés jaunes et bleus gastro-résistants.
4. Le président a annoncé la baisse des **allocutions** ou **allocations** chômage.
5. Pour se détendre, Marie-Krishna adore faire des mandalas dans son cahier à **colorer** ou **colorier**.
6. Mon frère, s'est fait prendre à 150 km/h, il a commis une **effraction** ou **infraction**.
7. Celui qui conduit est celui qui ne boit pas ; l'**accès** ou l'**excès** d'alcool est dangereux pour la santé.
8. Quand les cinq enfants de Léopoldine sont partis du nid, elle a retrouvé une vie **sociale** ou **sociable**.
9. La dernière fois que je suis allée à La Réunion, j'ai vu le Piton de la Fournaise en **éruption** ou **irruption** !
10. Tony a écrit un courrier à l'**intention** ou l'**attention** de Kévin pour lui parler de sa relation avec Lola...
11. Mélissa a **aménagé** ou **emménagé** dans un camion **aménagé** ou **emménagé**.
12. L'influenceuse Samira Bien a le seum... Elle a dû **mettre à jour** ou **mettre au jour** toutes ses applications.
13. L'araignée-banane est une araignée extrêmement **vénéneuse** ou **venimeuse**.
14. Marc-Édouard se félicite d'avoir **inculqué** ou **inculpé** les bonnes manières à sa fille Marie-Julie.
15. Je **t'infirme** ou **t'informe** que Lola a bien quitté Kévin...

MATHS

Formulations d'équations

Pour résoudre ces énigmes d'âges et de super héros vous devrez transposer ces problèmes en équations... Vous pouvez aussi miser sur la chance ou sur vos super pouvoirs, mais c'est plus aléatoire !

1. Trouvez l'âge de Spiderman tel que sa moitié augmentée de 25 soit égale à son double diminué de 8.

....

....

....

2. Le fils de Batman a 12 ans et le fils de Superman a 28 ans. Dans combien d'années l'âge du fils de Superman sera-t-il le double de celui du fils de Batman ?

....

....

....

70

HISTOIRE

L'Union Européenne

Depuis sa création, l'Union Européenne régit et unifie les lois d'un certain nombre de pays du monde, constituant une véritable puissance politico-économique. Vos connaissances sur l'UE sont-elles à jour ?

1. Quel traité est à l'origine de la création de l'Union Européenne ?
  a. Le traité de Rome
  b. Le traité de Lisbonne
  c. Le traité de Maastricht

2. Dans quelle ville est situé le siège de l'UE ?
  a. Bruxelles
  b. Luxembourg
  c. Paris

3. Quelle est la monnaie officielle en vigueur dans les pays de l'UE ?
  a. La livre sterling
  b. L'euro
  c. Le dollar

4. Quel est l'hymne officiel de l'Union Européenne ?
  a. *Clair de lune* de Debussy
  b. *Prélude en do majeur* de Bach
  c. *Ode à la joie* de Bethooven

5. Combien de pays sont membres de l'Union Européenne ?
  a. 27
  b. 28
  c. 29

6. Quel pays ne fait pas partie de l'Union Européenne ?
  a. La Slovaquie
  b. La Norvège
  c. Malte

7. Lequel de ces pays n'est pas l'un des membres fondateurs de l'UE ?
  a. L'Espagne
  b. Les Pays Bas
  c. L'Allemagne

8. En quelle année le traité de Maastricht a-t-il été signé ?
  a. 1990
  b. 1992
  c. 1993

9. Combien y a-t-il d'étoiles sur le drapeau européen ?
  a. 12
  b. 15
  c. 10

10. En quelle année le Royaume-Uni s'est-il retiré de l'Union Européenne ?
  a. 2019
  b. 2020
  c. 2021

CULTURE GÉNÉRALE

Accro à l'écran ?

On vous connait, les accros à l'écran ! C'est le moment de faire jouer votre culture générale et votre mémoire. Avec toutes les séries que vous avez regardées, saurez-vous les images aux bons titres ?

1

2

3

4

5

6

7

8

9

10

a. Malcolm
b. Les Feux de l'amour
c. Lost : Les disparus
d. The Witcher
e. The Vampire Diaries
f. Docteur House
g. Friends
h. Star Trek
i. Peacky Blinders
j. Desperate Housewives

LITTÉRATURE

Ici commence l'incipit

Et si on profitait de l'été pour se remettre un peu à la lecture, les amis ? En effet, il est prouvé que plus on lit, plus on kiffe ! Retrouvez les œuvres d'origine de ces incipits follement attractifs…

1. « Je hais les voyages et les explorateurs. »
   a. *Tristes Tropiques* (Claude Levi-Strauss)
   b. *Bonjour Tristesse* (Françoise Sagan)
   c. *Tropique du Cancer* (Henri Miller)

2. « Comment s'étaient-ils rencontrés ? Par hasard, comme tout le monde. Comment s'appelaient-ils ? Que vous importe ? D'où venaient-ils ? Du lieu le plus prochain. »
   a. *Le Roman de Jacques Bonhomme, laboureur* (Émile Bodin)
   b. *Jacques le Fataliste* (Diderot)
   c. *Fatale Randonnée* (Alain Gandy)

3. « La déflagration extrême, la combustion définitive, c'était le sexe, rien d'autre ; fin de la mystification. »
   a. *Les Choses humaines* (Karine Tuil)
   b. *Toutes ces choses qu'on ne s'est pas dites* (Marc Lévy)
   c. *Les Choses* (Georges Perec)

4. « Une avenante petite vieille dans un paisible décor champêtre, quel aimable tableau. »
   a. *Folie Douce* (James Crumley)
   b. *La Douce Empoisonneuse* (Arto Paasilinna)
   c. *L'empoisonneuse à la digitaline* (Viviane Janouin-Benanti)

5. « Méfiez-vous de moi ! Seule et déçue, je suis une femme dont la vie sentimentale n'est pas très orthodoxe, de toute évidence. »
   a. *Cracher dans la mer* (Pierre Feuga)
   b. *J'irai cracher sur vos tombes* (Boris Vian)
   c. *Le Mec de la tombe d'à côté* (Katarina Mazetti)

6. « Calypso ne pouvait se consoler du départ d'Ulysse. »
   a. *Les Aventures de Télémaque* (Fénelon)
   b. *L'aventure ambiguë* (Cheik Hamidou Kane)
   c. *L'Ambiguïté est le dernier plaisir* (Michèle Delaunay)

7. « Toutes les familles heureuses se ressemblent, mais chaque famille malheureuse l'est à sa façon. »
   a. *After* (Anna Todd)
   b. *Anna Karénine* (Léon Tolstoï)
   c. *Anna et les amours perdus* (Diegou De Sahi)

8. « C'est une vérité universellement reconnue qu'un célibataire pourvu d'une belle fortune doit avoir envie de se marier. »
   a. *Mendiants et Orgueilleux* (Albert Cossery)
   b. *Soupçons et préjugés* (M.C. Beaton)
   c. *Orgueil et préjugés* (Jane Austen)

9. « J'ai décidé d'adopter Margueritte. Elle va bientôt fêter ses quatre-vingt-six ans, il valait mieux pas trop attendre. Les vieux ont tendance à mourir. »
   a. *La tête en friche* (Marie-Sabine Roger)
   b. *La tête la première* (François-Marie Banier)
   c. *Premier sang* (Amélie Nothomb)

SCIENCES

Piou ! Piou !

Les vacances d'été sont souvent synonymes de plage, mais qui dit « plage » dit également « mouettes » ! Eh oui, ces oiseaux qui laissent leurs empreintes dans le sable fin comme pour nous rappeler leur présence. Il est temps de voir si vous connaissez d'autres oiseaux ! Associez les noms de la liste aux images correspondantes.

COLIBRI • GEAI BLEU • HIRONDELLE • MOINEAU • PERRUCHE • FLAMANT ROSE • AIGLE ROYAL • BRUANT JAUNE • CONDOR DES ANDES • ÉPERVIER

1. .... 2. .... 3. .... 4. .... 5. ....

6. .... 7. .... 8. .... 9. .... 10. ....

GÉOGRAPHIE

Au-delà des frontières…

Les frontières ont cette étrange particularité de séparer et de relier les pays… Offrez-vous un tour du monde gratuit et tester vos connaissances sur la notion de frontière en géographie.

1. **Combien de frontières terrestres à la Chine ?**
   a. 7
   b. 11
   c. 14

2. **Comment s'appelle l'Agence de garde-côtes et de garde-frontières de l'Union européenne ?**
   a. La FRONTEX
   b. La FONTEX
   c. La FIONTEX

3. **Quel pays partage la plus longue frontière terrestre avec la France ?**
   a. L'Allemagne
   b. L'Espagne
   c. La Suisse

4. **Quelle frontière sépare l'Europe en deux blocs et symbolise la guerre Froide ?**
   a. La ligne de fer
   b. Le rideau de fer
   c. Le mur de fer

5. **Combien de km de frontière le Canada et les États-Unis partagent-ils ?**
   a. 4 891 km
   b. 6 891 km
   c. 8 891 km

6. **Quelle est la frontière la plus meurtrière au monde ?**
   a. La frontière entre les Etats-Unis et le Mexique
   b. La frontière entre La Grèce et la Turquie
   c. La frontière entre l'Inde et le Pakistan

7. **Comment appelle-t-on la zone frontalière qui sépare la Corée du Nord et la Corée du Sud ?**
   a. La MDZ
   b. La DMZ
   c. La ZDM

8. **Comment appelle-t-on le point où trois frontières se rejoignent ?**
   a. Un tripoint
   b. Un tricoin
   c. Un tricote

9. **Lequel de ces pays n'a pas de frontière terrestre ?**
   a. Brunei
   b. Taïwan
   c. Haiti

CULTURE GÉNÉRALE

Tout le monde à l'eau !

En vacances, rien de mieux pour se dérouiller et rigoler un peu qu'une bonne session de sport nautique. Avec ou sans pratique, ce quizz est conçu pour vous faire travailler méninges, bras, cuisses, abdos-fessiers et zygomatiques !

1. **Quel est le nom à la mode pour dire planche à voile ?**
   a. Worldsurf
   b. Windsurf
   c. Wakesurf

2. **Sur quel fruit (pneumatique) peut-on se faire tracter sur l'eau avec plusieurs gamelles à la clef ?**
   a. Une banane
   b. Une fraise
   c. Une prune de Cythère

3. **Quel sport se pratique les bras tirés par un bateau et les deux pieds fixés sur un planche ?**
   a. Le wakeboard
   b. Le wokeboard
   c. Le wakesurf

4. **Où a lieu le célèbre championnat du monde de surf canin ?**
   a. En Californie
   b. À Hawaii
   c. À Biarritz

5. **Comment appelle-t-on une embarcation légère de course, de forme profilée, propulsée par des avirons ?**
   a. Une molette
   b. Une jolette
   c. Une yolette

6. **Quel est la vitesse maximale d'un jet ski ?**
   a. 60 km/h
   b. 70 km/h
   c. 80 km/h

7. **Quelle est la plus longue distance parcourue en paddle en 24 h ?**
   a. 43,8 km
   b. 103,8 km
   c. 193,8 km

8. **Qui a inventé le kayak ?**
   a. Les Russes
   b. Les Américains
   c. Les Inuits

9. **Comment appelle-t-on un surfeur qui place sa jambe gauche à l'avant de la planche quand il se relève ?**
   a. Un gaucher
   b. Un goofy
   c. Un regular

AMÉRIQUE DU SUD

Le soleil, la plage et la musique, l'Amérique du Sud n'est-elle pas la parfaite destination de vacances ? Encore faut-il savoir où aller et replacer les pays et leurs capitales sur la carte.

LISTE DES PAYS :
ARGENTINE • BOLIVIE • BRÉSIL • CHILI • COLOMBIE • ÉQUATEUR • GUYANA • GUYANE FRANÇAISE • PARAGUAY • PÉROU • SURINAME • URUGUAY • VENEZUELA.

LISTE DES CAPITALES :
ASUNCION • BOGOTA • BRASILIA • BUENOS AIRES • CARACAS • CAYENNE • GEORGETOWN • LA PAZ • LIMA • MONTEVIDEO • PARAMARIBO • QUITO • SANTIAGO.

1. Pays : ....
   Capitale : ....

2. Pays : ....
   Capitale : ....

3. Pays : ....
   Capitale : ....

4. Pays : ....
   Capitale : ....

5. Pays : ....
   Capitale : ....

6. Pays : ....
   Capitale : ....

7. Pays : ....
   Capitale : ....

8. Pays : ....
   Capitale : ....

9. Pays : ....
   Capitale : ....

10. Pays : ....
    Capitale : ....

11. Pays : ....
    Capitale : ....

12. Pays : ....
    Capitale : ....

13. Pays : ....
    Capitale : ....

75

FRANÇAIS
Franglais

L'anglais possède de nombreuses expressions idiomatiques qu'il convient de connaître pour bien comprendre son interlocuteur britannique. Petite sélection : reliez l'expression anglaise à sa traduction littérale et sa véritable traduction.

Expression anglaise
1. To get cold feet
2. As easy as a duck soup
3. It's raining cats and dogs
4. Icing on the cake
5. Tit for tat
6. Out of the blue
7. Break a leg
8. Once in a blue moon
9. Don't judge a book by its cover
10. To make a mountain out of a molehill

Traduction littérale
- Le glaçage sur le gâteau
- Hors du bleu
- Ne pas juger un livre à sa couverture
- Casser une jambe
- Aussi simple qu'une soupe de canard
- Avoir les pieds froids
- Faire une montagne d'une taupinière
- Une fois dans la lune bleue
- Du tac au tac
- Il pleut des chats et des chiens

Véritable traduction
- Bonne chance
- Œil pour œil, dent pour dent
- Il pleut des cordes
- En faire tout un fromage
- Tous les 36 du mois
- La cerise sur le gâteau
- Ne pas se fier aux apparences
- Avoir le trac
- Sans crier gare
- Un jeu d'enfant

MATHS
Faut pas mégoter

Deux animateurs organisent tous les ans une sortie à visée écologique sur la plage... on fait ce qu'on peut pour la planète, hein...

Cette année le groupe est composé de dix-sept enfants. Durant la sortie les enfants sont répartis en groupes de 2. Ils doivent choisir un m² de plage puis ils devront se prendre gentiment pour des toutous qui cherchent des nonos... Pour compter le nombre de mégots de cigarettes trouvés dans ce tout petit espace !

1. Combien de binômes les animateurs Ségolène et Jean-Louis, devront-ils former ?

....

Voici les résultats du nombre de mégots obtenus par m² par les différents groupes : 6, 8, 9, 10, 10, 12, 13 et 16 mégots/m².

2. Combien de mégots de cigarettes les groupes devraient-ils trouver sur la plage, sachant que celle-ci mesure 18,2 m de large pour 21 m de longueur ?

....

3. Quelle est la moyenne du nombre de mégots susceptible d'être trouvés sur cette si jolie plage ?

....

Sachant que Jean-Louis, bien que civilisé et respectueux de son environnement, fume une cigarette toutes les 12 minutes et 16 secondes et que la sortie dure deux heures trente minutes et vingt secondes.

4. Combien de cigarettes aura-t-il fumé durant la sortie ?

....

5. Sachant qu'un mégot pèse environ 1,01 gramme. Combien de kilos de mégots de cigarettes pourraient être ramassés par le groupe après cette sortie ?

....

....

HISTOIRE

À bord de la conquête spatiale russo-américaine

Les années 60 marquent le début de la grande course vers la Lune pour les Russes et les Américains. Retour sur l'âge d'or de la conquête spatiale pour les 90 ans de la naissance de Youri Gagarine, héros national russe et symbole fort du Kremlin.

1. **Où et quand est né Youri Gagarine ?**
   a. En 1924 à Novosyolovo, en Russie
   b. En 1934 à Klouchino, en Russie

2. **En quelle année Youri Gagarine devient-il le premier homme à voler dans l'espace ?**
   a. En 1961
   b. En 1963

3. **Comment s'appelle son vaisseau spatial ?**
   a. La fusée Vostok
   b. La fusée X-FLR 6

4. **Qui est la première femme à aller dans l'espace ?**
   a. Sally Ride
   b. Valentina Terechkova

5. **Quel est le premier homme à avoir marché sur la Lune ?**
   a. Neil Armstrong
   b. Gagarine, bien sûr

6. **En quelle année ?**
   a. 1961
   b. 1969

7. **Combien de minutes dure l'odyssée de Gagarine ?**
   a. 38 min
   b. 108 min

8. **Comment s'appelle la fusée de la mission Apollo 11 ?**
   a. Falcon 9
   b. Saturn V

9. **Qui sont les coéquipiers de Neil Armstrong pour cette mission ?**
   a. Buzz Aldrin et Michael Collins
   b. Buzz Aldrin et Claudie Haigneré

10. **Comment s'appelle la première fusée française ?**
    a. Christine
    b. Véronique

CULTURE GÉNÉRALE

Happy Birthday Al Capone !

Si Al Capone était encore vivant, il fêterait ses 125 ans... Retour sur le gangster le plus légendaire de sa génération, figure incontournable de la mafia et de la corruption.

1. **Où est né Al Capone ?**
   a. À Palerme
   b. À Naples
   c. À Brooklyn

2. **Quel est son véritable prénom ?**
   a. Alfredo
   b. Alphonse
   c. Alexandre

3. **Quel est le célèbre surnom d'Al Capone ?**
   a. Machine Gun
   b. Scarface
   c. Le Parrain

4. **De quelle ville est-il le big boss invétéré de la mafia ?**
   a. Washington
   b. New York
   c. Chicago

5. **Grâce à quoi s'est-il principalement enrichi ?**
   a. Le trafic de drogue
   b. La prostitution
   c. L'alcool et la prohibition

6. **Laquelle de ces citations n'est pas d'Al Capone ?**
   a. « Je ne suis qu'un homme d'affaire qui donne aux gens ce qu'ils veulent. »
   b. « Le capitalisme est le racket légitime de la classe dirigeante. »
   c. « Le droit de tout homme enfermé est de s'évader. »

7. **Comment s'appelle l'agent incorruptible aux trousses d'Al Capone ?**
   a. Eliot Ness
   b. Commissaire Maigret
   c. Melvin Horace Purvis alias « Little Mel »

8. **Quelle voiture conduisait Al Capone ?**
   a. Une Cadillac 341 V8 Town Sedan
   b. Une Aston Martin DB5
   c. Une Jaguar SS100

9. **Dans quelle prison est-il emprisonné en 1934 ?**
   a. À l'ADX Florence
   b. À L'Alcatraz
   c. À Guantánamo

10. **Où est mort Al Capone ?**
    a. À San Francisco
    b. À Chicago
    c. À Miami Beach

LITTÉRATURE

Cocteau, le génie touche à tout...

Cette année, Jean Cocteau aurait eu 135 ans. Ce dandy littéraire, dramaturge et dessinateur hors pair, laisse derrière lui une œuvre intemporelle au succès bien mérité. On se penche, ici, sur son versant littérature, à vous de jouer !

1. **Où est né Jean Cocteau ?**
   a. À Maisons-Alfort
   b. À Maisons-Laffitte
   c. À Maisons-du-Bois-Lièvremont

2. **Quel est le titre du premier recueil de poèmes de Jean Cocteau, publié en 1909 ?**
   a. La Lampe d'Aladin
   b. Les Mille et Une Nuits
   c. Le Prince frivole

3. **Quel est le sous-titre du livre *Opium* publié en 1930 ?**
   a. Journal d'une tournée de théâtre
   b. Mon premier voyage
   c. Journal d'une désintoxication

4. **Comment est décrit Jean Cocteau dans le monde culturel de l'époque ?**
   a. Académique
   b. Anticonformiste
   c. Un petit peu olé olé

5. **Qui est Zizi dans la pièce de théâtre La Machine infernale de Cocteau ?**
   a. Tirésias
   b. Jocaste
   c. Anubis

6. **Quel est le titre de la pièce que Jean Cocteau a écrite pour Edith Piaf ?**
   a. Le Dieu bleu
   b. Le Bel Indifférent
   c. L'Impromptu

7. **De quel Jean, Jean Cocteau est-il l'amant ?**
   a. Jean Anouilh
   b. Jean Marais
   c. Jean Yanne

8. **En quelle année est publié le roman *Les Enfants terribles* ?**
   a. En 1919
   b. En 1929
   c. En 1939

9. **À quelle autrice rend-t-il hommage dans son discours à l'Académie française en 1955 ?**
   a. Louise Weiss
   b. Anna de Noailles
   c. Colette

10. **Quelle est l'épitaphe inscrite sur sa tombe à la chapelle Saint-Blaise-des-Simples ?**
    a. J'étais avec vous
    b. Je suis avec vous
    c. Je reste avec vous

SCIENCES

Quiz chimie

Science de la nature, atomes, molécules... Ça vous parle ? Testez vos connaissances en sciences ou plutôt en chimie, pour être plus précis !

1. **Solide, liquide et gazeux sont les trois principaux états de la matière.**
   VRAI ou FAUX

2. **Le diamètre d'un atome est égal à celui de son noyau.**
   VRAI ou FAUX

3. **C'est à une température de 10°C que l'eau se transforme à l'état gazeux.**
   VRAI ou FAUX

4. **L'électronégativité est l'aptitude d'un atome à attirer des électrons de liaison.**
   VRAI ou FAUX

5. **Les atomes radioactifs ne meurent jamais.**
   VRAI ou FAUX

6. **Le magnésium est l'élément chimique de numéro atomique 13.**
   VRAI ou FAUX

7. **Alfred Nobel a dit : « Rien ne se perd, rien ne se crée, tout se transforme. »**
   VRAI ou FAUX

8. **La stéréochimie est une sous-discipline de la chimie.**
   VRAI ou FAUX

9. **Louis Pasteur est l'un des précurseurs de la stéréochimie.**
   VRAI ou FAUX

10. **Je suis lyophobe si je ne présente pas d'affinité avec un solvant donné.**
    VRAI ou FAUX

GÉOGRAPHIE

Douceeeuuu Frannnceeeuuu...

Pour bien connaître notre douce France, cher pays de notre enfance, quoi de mieux qu'un petit quiz sur les départements et leurs chefs-lieux ? Entourez la bonne réponse.

1. Quel est le chef-lieu de l'Ain ?
   a. Bourg-en-Bresse
   b. Bourg-la-Reine

2. À quel département appartient la ville de Vesoul ?
   a. La Haute-Saône
   b. La Saône-et-Loire

3. Quel est le chef-lieu du Loir-et-Cher ?
   a. Blois
   b. Bourges

4. À quel département appartient la ville de Pau ?
   a. Les Pyrénées-Atlantiques
   b. Les Pyrénées-Orientales

5. Quel est le chef-lieu du Gers ?
   a. Albi
   b. Auch

6. À quel département appartient la ville de Nice ?
   a. Les Alpes-Maritimes
   b. Les Alpes-de-Haute-Provence

7. Quel est le chef-lieu de la Haute-Garonne ?
   a. Toulon
   b. Toulouse

8. À quel département d'outre-mer appartient la ville de Cayenne ?
   a. La Guyane
   b. La Guadeloupe

9. Quel est le chef-lieu de la Haute-Corse ?
   a. Ajaccio
   b. Bastia

10. À quel département appartient la ville de Troyes ?
    a. L'Aube
    b. L'Aude

11. Quel est le chef-lieu de la Haute-Savoie ?
    a. Annecy
    b. Chambéry

12. À quel département appartient la ville de Rodez ?
    a. L'Ariège
    b. L'Aveyron

CULTURE GÉNÉRALE

Zuckerberg et les réseaux sociaux

Petit quiz pour les scrollers et autres scotchés du téléphone, Mark Zuckerberg fête son anniversaire ! On fait le point sur le jeune fondateur de Meta et sur les réseaux à bout de bras...

1. Combien de bougies y a-t-il sur le gâteau de Mark cette année ?
   a. 40
   b. 45

2. De quel réseau social est-il le co-fondateur en 2004 ?
   a. Facebook
   b. Caramail

3. Quel film retrace les prouesses et péripéties de Zuckerberg à la création de Facebook ?
   a. The Social Network
   b. Scandale au Massachusetts

4. Qui sont les co-fondateurs de Facebook ?
   a. Eduardo Saverin, Chris Hughes et Elon Musk
   b. Eduardo Saverin, Chris Hughes et Dustin Moskovitz

5. Qui est le fondateur d'Instagram ?
   a. Jack Dorsey
   b. Kevin Systrom

6. Quel est le nouveau nom de Twitter ?
   a. X
   b. Z

7. Quelle nouvelle plateforme vise à concurrencer l'ex-Twitter ?
   a. TreadBook
   b. Threads

8. Quelle est la durée moyenne passée sur les réseaux sociaux par jour ?
   a. 1 h 30
   b. 2 h 30

9. De combien est le QI de Zuckerberg ?
   a. 122
   b. 152

10. Que prépare Mark Zuckerberg à Hawaii ?
    a. Un remake de Facebook
    b. La fin du monde

FAITES VOS JEUX !

Cet été, les JO, c'est en France. Pour marquer le coup de ces Jeux près de chez nous, on s'échauffe avec ces quiz. Alors, prêts pour les Jeux Olympiques et Paralympiques ?

A. Toujours plus, plus fort, plus vite !

Cette année, on peut difficilement passer à côté de cet évènement musclé... Mais que sait-on vraiment de cette édition ? On fait le point. Faites travailler votre matière grise pour répondre à ce quiz !

1. Quelle est la date de la cérémonie d'ouverture ?
   a. Le 24 juillet 2024
   b. Le 25 juillet 2024
   c. Le 26 juillet 2024

2. Où se déroule cette cérémonie un brin particulière ?
   a. Au stade de France, classique !
   b. Sur La Seine, on sort le grand jeu !
   c. Dans les cités universitaires, mystère-mystère...

3. Combien prévoit-on de porteurs de la Flamme Olympique à travers la France ?
   a. 1000
   b. 2000
   c. 3000

4. Quelles sont les trois valeurs de l'Olympisme ?
   a. L'excellence, l'amitié et le respect.
   b. La bienveillance, la discipline et la loyauté
   c. L'indécence, le cynisme et l'égocentrisme

5. Quels sont les 4 nouvelles disciplines des JO 2024 ?
   a. La trottinette, le surf, le parkour et le fitness
   b. Le skate, le surf, l'escalade et le breaking
   c. Le surf, le cheese rolling, l'alpinisme et le yoga

6. Quand se déroulent les Jeux Paralympiques ?
   a. Du 28 juin au 8 juillet 2024
   b. Du 28 juillet au 8 août 2024
   c. Du 28 août au 8 septembre 2024

7. Quelle est la version traduite de la devise des Jeux Olympiques ?
   a. « Plus vite, plus haut, plus fort – ensemble »
   b. « Plus fort, plus vite, plus haut – collectivement »
   c. « Plus haut, plus fort, plus vite – jusqu'au bout de l'extrême limite »

8. Comment s'appellent les petites mascottes rouges de Paris 2024 ?
   a. Les Parilympiques
   b. Les Jojos
   c. Les Phryges

B. Surfin'PARIS 2024

Sport additionnel pour PARIS 2024, le surf est notre chouchou sportif pour ce défi olympique ! Ça s'annonce spectaculaire mais surtout très très technique... Associez le bon terme à la bonne définition. Allez, on vous laisse plancher !

1. Le take-off
2. Le floater
3. Le cut back
4. Le bottom-turn
5. Le swap back
6. Le lay back
7. Le tube
8. L'aerial

a. Manœuvre qui consiste à décoller avec sa planche au-dessus de la vague pour y revenir de manière maîtrisée.
b. Figure qui consiste à se retrouver dans le barrel et à être recouvert par la lèvre de la vague.
c. Entrée dans la vague et passage de la position allongée à la position debout.
d. Manœuvre qui consiste à passer sur la lèvre de la vague afin de progresser sur une section de celle-ci.
e. Figure qui consiste à effectuer un saut en utilisant la lèvre de la vague comme tremplin et à atterrir dans la vague.
f. Manœuvre de replacement qui permet de venir retrouver l'énergie de la vague en revenant vers le point de déferlement.
g. Figure qui consiste à exécuter un buttom-turn pour amorcer une grande vitesse et casser sa trajectoire avec puissance.
h. Virage effectué en bas de vague et précédant une manœuvre en haut de vague.

C. Les déesses olympiques

Voici un petit trombinoscope d'athlètes féminines de très haut niveau. Elles sont toutes méga-muti-médaillées et ont toutes marqué l'histoire des JO ! Retrouver qui est qui.

a. Simone Biles (gymnastique artistique, États-Unis)
b. Laure Manaudou (natation, France)
c. Laura Flessel (escrime, France)
d. Allyson Felix (athlétisme, États-Unis)
e. Sue Bird (basket, État-Unis)
f. Birgit Fischer (kayak, Allemagne)
g. Tessa Virtue (patinage artistique, Canada)
h. Jeannie Longo

1. .... 2. .... 3. .... 4. ....

5. .... 6. .... 7. .... 8. ....

D. Le VRAI/FAUX des Paralympiques

Les Jeux paralympiques regroupent des athlètes en situation de handicap, qu'il soit physique, visuel ou mental. « L'esprit, le corps, l'âme » est leur devise, combattif sera ce quiz ! À vous de jouer !

1. Le drapeau des Jeux Paralympiques est identique à celui des Jeux Olympiques.
VRAI ou FAUX

2. Le surnom de la skieuse paralympique Marie Bochet est « La Reine des Neiges ».
VRAI ou FAUX

3. Cette année, 4400 athlètes répondent présents et 22 sports sont représentés.
VRAI ou FAUX

4. L'athlète paralympique de tennis de table Fabien Lamirault est un pingiste.
VRAI ou FAUX

5. Le football pour les personnes déficientes visuelles est appelé le cécifoot.
VRAI ou FAUX

6. Le terrain de tennis fauteuil est plus petit qu'un terrain de tennis classique.
VRAI ou FAUX

7. Une des deux mascottes PARIS 2024 porte une prothèse de course.
VRAI ou FAUX

8. Au goalball, les athlètes doivent tous porter un masque sur les yeux dans un souci d'équité.
VRAI ou FAUX

9. Le paracycliste Alexandre Léauté a remporté 2 médailles à Tokyo en 2021.
VRAI ou FAUX

10. Les premiers Jeux Paralympiques de l'histoire des paralympiques ont eu lieu à Rome en 1960.
VRAI ou FAUX

FRANÇAIS

Les figures de style

Êtes-vous du genre à faire passer des messages cachés à travers une phrase qui, au sens propre, veut dire tout autre chose ? C'est là le pouvoir des figures de style ! Mais saurez-vous les identifier ?

1. « Vivez, froide <u>Nature</u>, et revivez sans cesse. » Alfred de Vigny.
  a. Allégorie
  b. Personnification
  c. Métaphore

2. « Les <u>proues d'acier et d'argent</u> – Battent l'écume » Arthur Rimbaud.
  a. Synecdoque
  b. Antonomase
  c. Périphrase

3. « Cette <u>obscure clarté</u> qui tombe des étoiles » Pierre Corneille.
  a. Chiasme
  b. Hyperbole
  c. Oxymore

4. « À vaincre sans péril, on <u>triomphe sans gloire</u>. » Pierre Corneille
  a. Paradoxe
  b. Oxymore
  c. Antithèse

5. « <u>Et l'un ne</u> périra que l'autre aussi ne meure. / <u>Et l'un ne</u> survivra que l'autre aussi ne vive. / <u>Et l'un ne</u> restera que l'autre ne demeure ».
  a. Épiphore
  b. Anaphore
  c. Gradation

6. « C'est un <u>roc</u> ! C'est un <u>pic</u> ! C'est un <u>cap</u> ! » Rostand
  a. Gradation
  b. Paronomase
  c. Litote

7. « Cette petite grande âme venait de <u>s'envoler</u>. » Victor Hugo
  a. Euphémisme
  b. Parallélisme
  c. Antiphrase

8. « Va, je ne te hais point. » Pierre Corneille
  a. Euphémisme
  b. Hyperbole
  c. Litote

9. « Ma jeunesse ne fut qu'un ténébreux orage. » Charles Baudelaire
  a. Comparaison
  b. Métaphore
  c. Personnification

10. « Craintive je te sers, aveugle je te suis. » Voltaire
  a. Gradation
  b. Paradoxe
  c. Parallélisme

MATHS

Salade de fruits

Pour sa célèbre salade de fruits exotiques, Tim a mis dans son bol : 11 morceaux de mangue, 6 morceaux d'ananas et 3 morceaux de papaye. Il prend au hasard et sans regarder un morceau de fruit. Calculez la probabilité qu'a Tim de piocher ces fruits.

a. Calculez la probabilité de prendre un morceau de papaye :

....

....

b. Calculez la probabilité de prendre un morceau d'ananas :

....

....

c. Calculez la probabilité de prendre un morceau de mangue ou un morceau d'ananas :

....

....

HISTOIRE
Éducation civique et morale

Dans la culture française, une attention particulière est portée à la vie en société, à ses règles et à ses libertés. L'éducation civique et morale sert avant tout à apprendre à devenir citoyen, et ce, dès l'enfance.

1. Quand devient-on un citoyen à part entière ?
  a. La première fois qu'on vote
  b. À notre majorité
  c. À l'obtention du premier diplôme

2. Complétez cet extrait de l'article premier de la Constitution de la Vᵉ République : « La France est une République .... , laïque, démocratique et sociale. »
  a. Unie
  b. Indivisible
  c. Libre

3. Lequel de ces moyens ne permet pas d'obtenir la nationalité française ?
  a. Le droit du sang
  b. Posséder des biens immobiliers en France
  c. Avoir étudié dans le pays

4. Lequel de ces éléments n'est pas un symbole officiel de France ?
  a. Le drapeaux tricolore
  b. Le coq
  c. La Marseillaise

5. À quoi correspond le blanc sur le drapeau français ?
  a. Au pouvoir royal
  b. À la paix
  c. À la ville de Paris

6. Quel est l'intitulé exact de ce qu'on appelle communément la « journée d'appel » ?
  a. La journée d'appel à la citoyenneté
  b. La journée d'appel à l'engagement citoyen
  c. La journée de la défense et de la citoyenneté

7. À partir de quel âge doit-on faire le recensement citoyen ?
  a. 16 ans
  b. 18 ans
  c. 20 ans

8. À la suite de quel événement a été établie la Déclaration des Droits de l'Homme et du Citoyen (DDHC) ?
  a. L'abolition de l'esclavage
  b. La Révolution française
  c. La Première Guerre mondiale

9. Complétez cet extrait de l'article 5 de la DDHC : « La loi n'a le droit de défendre que les actions .... à la société. »
  a. Utiles
  b. Nuisible
  c. Ordonnées

CULTURE GÉNÉRALE
À vos crampons !

Les fans de football, on vous connait ! On vous voit d'ici avec un ballon au pied sur le sable fin et une serviette de plage à l'effigie de l'équipe que vous supportez ! Vous vous croyez incollable en la matière ? Il est temps de le prouver !

1. Qui a remporté le Ballon d'Or en 2005 ?
  a. Cristiano Ronaldo
  b. Lionel Messi
  c. Ronaldinho

2. Quelle nation a remporté la Coupe du monde féminine de football en 2019 ?
  a. Les États-Unis
  b. La France
  c. La Suède

3. Quel est le plus grand stade de foot du monde ?
  a. Le Texas Memorial Stadium (États-Unis)
  b. Le Stade du Premier-Mai (Corée du Nord)
  c. Le Melbourne Cricket Ground (Australie)

4. Quelle équipe supportent les « Ghetto Rasta » ?
  a. Cannes
  b. Le Mans
  c. Valenciennes

5. Qui est l'actuelle capitaine de l'équipe de France féminine de football ?
  a. Delphine Cascarino
  b. Kadidiatou Diani
  c. Wendie Renard

6. En finale de la Coupe du monde 2018 qui opposait la France à la Croatie, quel joueur a marqué contre son camp ?
  a. Paul Pogba
  b. Ivan Perišić
  c. Mario Mandžukić

7. Quel est le premier club européen dans lequel a joué Ángel Di María ?
  a. Juventus FC
  b. Benfica Lisbonne
  c. Manchester United

8. Qui n'a jamais entraîné l'équipe de football féminine ?
  a. Lionel Scaloni
  b. Corinne Diacre
  c. Aimé Mignot

9. Quel est le joueur le plus cher du monde en 2023 ?
  a. Kylian Mbappé
  b. Louis Diaz
  c. Jude Bellingham

LITTÉRATURE

Les incontournables

À travers les époques, de grandes œuvres littéraires et leurs auteur(e)s ont su se démarquer. Aujourd'hui, elles sont devenues des intemporels ancrés dans la culture à l'échelle internationales. Serez-vous capables de relier chaque livre à son auteur(e) ?

1. Sa Majesté des Mouches
2. L'île au trésor
3. Arthur et les Minimoys
4. La promesse de l'aube
5. La Voleuse de livres
6. Et si c'était vrai…
7. Indiana
8. Harry Potter à l'école des sorciers
9. Les Fleurs du Mal
10. Du côté de chez Swann
11. Voyage au centre de la Terre
12. Le Horla

a. Robert Louis Stevenson
b. Marcus Zusak
c. George Sand
d. Luc Besson
e. J.K. Rowling
f. Charles Baudelaire
g. William Golding
h. Marcel Proust
i. Marc Levy
j. Romain Gary
k. Guy de Maupassant
l. Jules Verne

SCIENCES

Le vent en poupe !

Le vent décoiffe, agite, fouette, fatigue et donne parfois mal à la tête. Il fait pourtant partie de l'atmosphère et nous est parfaitement nécessaire ! En attendant la prochaine tempête, voici un petit quiz qui ne manque pas d'air…

1. **Qu'est-ce qui provoque le vent ?**
   a. Un refroidissement d'une masse d'air humide
   b. Un réchauffement inégalement réparti à la surface de la planète
   c. L'air conditionné

2. **En Méditerranée, comment appelle-t-on le vent violent qui souffle du nord ou du nord-ouest vers la mer ?**
   a. Le sirocco
   b. La burle
   c. Le mistral

3. **Qu'appelle-t-on une zone de basse pression ?**
   a. Une zone où l'air froid monte
   b. Une zone où l'air chaud descend
   c. Une zone où l'air chaud monte

4. **Qu'appelle-t-on une zone de haute pression ?**
   a. Une zone où l'air froid descend
   b. Une zone où l'air froid monte
   c. Une zone où l'air chaud descend

5. **Quel est l'autre nom de la haute pression ?**
   a. Le cyclone
   b. L'anticyclone
   c. La dépression

6. **Quel est l'autre nom de la zone basse pression ?**
   a. La dépression
   b. L'anticyclone
   c. Le cyclone

7. **Quel appareil permet de mesurer la vitesse du vent ?**
   a. Un anémomètre
   b. Un nanémomètre
   c. Un nanomètre

8. **Quel est le record mondial de vitesse du vent ?**
   a. 208 km/h
   b. 308 km/h
   c. 408 km/h

9. **Comment s'appelle le vent d'ouest, doux léger et agréable ?**
   a. L'alizé
   b. Le zéphir
   c. Le Zébulon

10. **Qui est le dieu du vent selon la mythologie grecque ?**
    a. Véole
    b. Éole
    c. Éolienne

GÉOGRAPHIE

Promenons-nous dans les bois...

Et si on profitait des vacances pour s'aérer la tête et les poumons pour de bon ? Ça tombe bien, l'Hexagone regorge de jolies forêts qui ne demandent qu'à être visitées... Testez vos connaissances sur « les poumons de la France » !

1. Quelle est la plus grande forêt domaniale de France ?
   a. La forêt d'Orléans
   b. La forêt de Compiègne
   c. La forêt de Verdun

2. Quelle est sa superficie ?
   a. 30 000 hectares
   b. 40 000 hectares
   c. 50 000 hectares

3. Dans quel département se trouve la magique et mythique forêt de Brocéliande ?
   a. l'Ille-et-Vilaine
   b. Les Côtes-d'Armor
   c. Le Finistère

4. Quelle forêt française est la plus vaste forêt artificielle d'Europe occidentale ?
   a. La Grande Forêt
   b. La forêt des Landes de Gascogne
   c. Le Parc national des Cévennes

5. Quelle est la forêt la plus ancienne de France ?
   a. Le bois de Boulogne
   b. La forêt de Champornot
   c. La forêt de Ciron

6. Quel pourcentage représente la forêt française sur le territoire ?
   a. 11 %
   b. 21 %
   c. 31 %

7. Dans quel département se trouve la forêt du Massacre ?
   a. Dans le Jura
   b. En Côte-d'Or
   c. Dans le Doubs

8. Quelle forêt de l'Allier est célèbre pour la qualité de ses chênes ?
   a. La forêt de Troncs
   b. La forêt de Tronçais
   c. La forêt de Tronçonnais

9. Comment appelle-t-on une forêt de chênes ?
   a. Une chênaie
   b. Une chênetaie
   c. Une chênette

10. Quel est le nom de la « petite Amazonie des Pyrénées » ?
   a. La Gourgue d'Asque
   b. La Gourde d'Asque
   c. La Goutte d'Arqué

CULTURE GÉNÉRALE

Lumière, caméra, action !

Cette année, le grand Leonardo DiCaprio fête ses 50 ans ! L'occasion parfaite de revenir sur sa carrière et d'apprendre plein de choses à son sujet !

1. Dans quel film a joué Leonardo DiCaprio pour la première fois ?
   a. *Titanic*
   b. *Critters 3*
   c. *Mort ou vif*

2. Pour quel film a-t-il obtenu son premier oscar du meilleur acteur ?
   a. *The Revenant*
   b. *Gatsby le magnifique*
   c. *Shutter Island*

3. Quel personnage Leonardo DiCaprio incarne-t-il dans *Le Loup de Wall Street* ?
   a. Donnie Azoff
   b. Patrick Denham
   c. Jordan Belfort

4. Quel âge avait l'acteur lorsqu'il a joué dans *Titanic* ?
   a. 18 ans
   b. 22 ans
   c. 24 ans

5. À quelle date Leonardo DiCaprio est-il né ?
   a. Le 11 novembre 1974
   b. Le 14 septembre 1974
   c. Le 3 juillet 1974

6. Quelle profession n'exerce-t-il pas ?
   a. Documentariste
   b. Scénariste
   c. Musicien

7. Combien de fois l'acteur s'est-il marié ?
   a. 3 fois
   b. 0 fois
   c. 1 fois

8. Dans quel film prononce-t-il cette célèbre réplique : « Est-ce que tout cela est légal ? PAS DU TOUT ! » ?
   a. *Inception*
   b. *Les noces rebelles*
   c. *Le loup de Wall Street*

9. Comment s'appelle le personnage qu'il incarne dans *Arrête-moi si tu peux* ?
   a. Frank Abagnale Jr.
   b. William Costigan Jr.
   c. Brandon Darrow

10. Lequel de ces films n'a-t-il pas produit ?
   a. *Le Chaperon rouge* de Catherine Hardwicke
   b. *Live by night* de Ben Affleck
   c. *Django Unchained* de Quentin Tarantino

ORIGAMI

Profitez des vacances pour vous (re)mettre à l'origami, ou plus simplement plier du papier pour fabriquer ce que vous voulez, ou presque !

Pour cela, rien de plus simple, munissez-vous d'une feuille de papier carrée. Vous pouvez commencer par des classiques, comme la boîte ou l'avion, avant de confectionner un oiseau !

La grue est un oiseau important au Japon et une légende dit : « Quiconque plie mille grues de papier verra son vœu exaucé. » Voilà de quoi vous occuper tout l'été…

1. La boîte

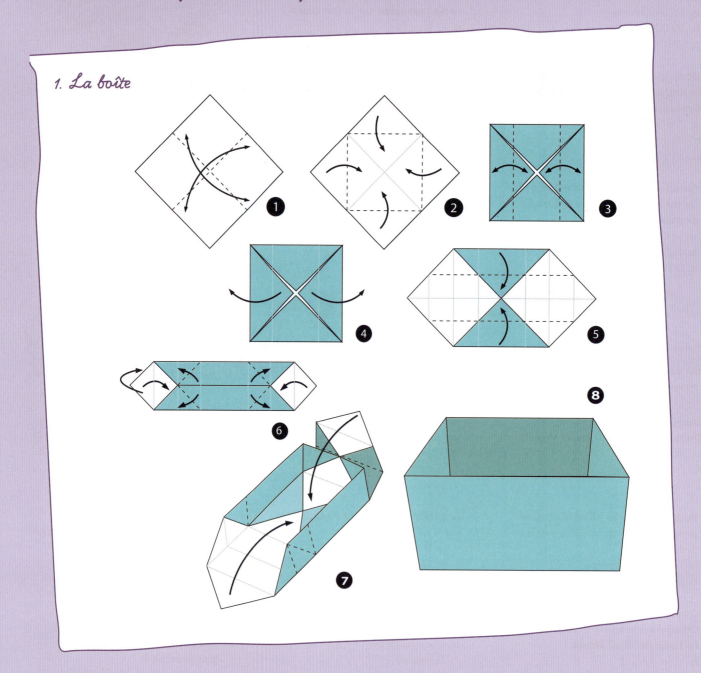

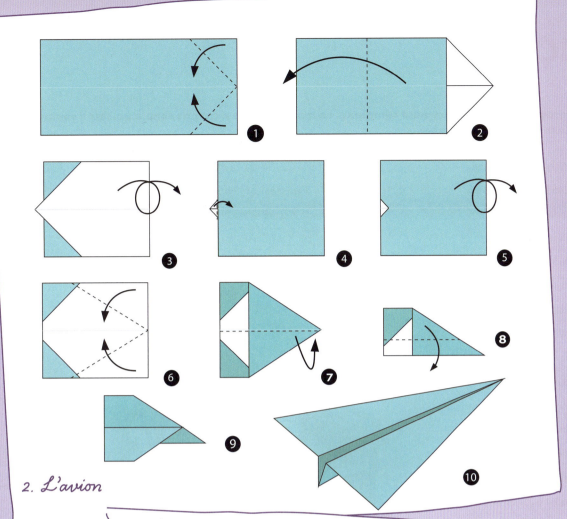

2. L'avion

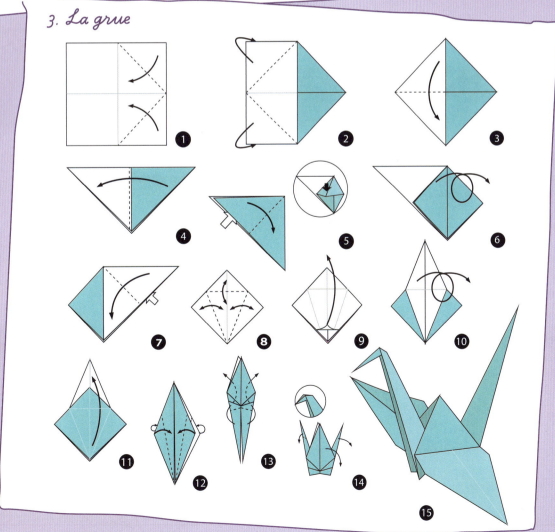

3. La grue

87

FRANÇAIS

Quiz 20/20

En français, l'orthographe est particulièrement complexe. Le mot lui-même n'est pas simple puisqu'il comporte deux h muets...Trouvez le mot bien orthographié.

1. Un entretient **ou** un entretien
2. Aux dépends **ou** aux dépens
3. Dilemne **ou** dilemme
4. Soit-disant **ou** soi-disant
5. Atterrir **ou** atterir
6. Magazine **ou** magasine
7. En l'occurrence **ou** l'ocurrence
8. Ils croivent **ou** ils croient
9. Galerie **ou** gallerie
10. Pataquès **ou** patacaisse
11. Méditerannée **ou** Méditerranée
12. A forciori **ou** a fortiori
13. Réthorique **ou** rhétorique
14. Quant même **ou** quand même
15. Intéressant **ou** interressant
16. Cueillir **ou** ceuillir
17. Pyrénnées **ou** Pyrénées
18. Accueil **ou** acceuil
19. Y a-t-il **ou** y a t'il
20. Cirrhose **ou** Cyrose

MATHS

Frais comme un gardon

Le lac situé derrière la maison de vacances de Lolo contient 15 carpes, 42 gardons et 48 truites. Chaque poisson a la même probabilité d'être pêché. Sachant que Lolo a pêché un poisson, calculez la probabilité des événements suivants :

1. Le poisson pêché est un gardon.

....

....

2. Le poisson pêché n'est pas une truite.

....

....

3. Le poisson pêché n'est ni une carpe, ni un gardon.

....

....

HISTOIRE

Interro d'histoire… de l'art !

Il est probable que vous ayez prévu de visiter quelques petits musées cet été, pas vrai ? Révisez vos bases en histoire de l'art avec ce petit quiz en mode interro surprise !

1. Où est exposée la célébrissime *Joconde* de Léonard de Vinci ?
   a. Au musée d'Orsay
   b. Au musée du Louvre

2. Quel est le siècle des impressionnistes ?
   a. Le XVIIIe siècle
   b. Le XIXe siècle

3. Qui est l'architecte du musée Guggenheim à New York ?
   a. Louis Sullivan
   b. Frank Lloyd Wright

4. De quel mouvement artistique Andy Warhol est-il le big boss ?
   a. Le land art
   b. Le pop art

5. Où la peinture *Guernica* de Picasso a-t-elle été exposée pour la première fois ?
   a. À l'Exposition universelle de Paris
   b. Au Musée Reina-Sofia de Madrid

6. Lequel de ces artistes est l'un des fondateurs du mouvement supports/surfaces ?
   a. Claude Viallat
   b. Pierre Soulages

7. Quel est le vrai nom du peintre Le Caravage ?
   a. Michelangelo Merisi da Caravaggio
   b. Stefano da Ferrara da Carnaggio

8. Quel événement est à l'origine de la vocation artistique de Frida Kahlo ?
   a. Sa rencontre avec André Breton
   b. Un accident de bus

9. Lequel de ces peintres de la Renaissance n'est pas une Tortue Ninja ?
   a. Giotto
   b. Michelangelo

10. Où sont installées les Colonnes de Buren à Paris ?
   a. Au Palais Royal
   b. À l'Hôtel de Ville

11. Quel tableau de Picasso est considéré comme la première œuvre cubiste ?
   a. Les Demoiselles d'Avignon
   b. Carafe cruche et coupe à fruits

12. Quel est l'objet d'art le plus cher du monde ?
   a. L.O.V.E. (Le doigt d'honneur de Maurizio Cattelan)
   b. Le Salvator Mundi, Le sauveur du monde, (attribué à Léonard de Vinci)

CULTURE GÉNÉRALE

La Dame de fer

La Tour Eiffel est sans conteste le plus important monument français et le plus visité au monde. Située dans la ville lumière, elle est devenue, au fil du temps, le symbole de la France à travers le monde. Cette année, nous fêtons son 135e anniversaire ! Plutôt pas mal, non ?

1. Combien de temps a duré la construction de la Tour Eiffel ?
   a. 1 an, 2 mois et 5 jours
   b. 2 ans, 2 mois et 5 jours
   c. 3 ans, 2 mois et 5 jours

2. Combien de tonnes de fer ont été utilisées pour créer le monument ?
   a. 7300
   b. 8400
   c. 9500

3. À quelle hauteur s'élève la tour aujourd'hui ?
   a. 250 mètres
   b. 125 mètres
   c. 330 mètres

4. En quelle année a été achevée la construction de la Tour Eiffel ?
   a. 1889
   b. 1879
   c. 1892

5. Quel artiste n'a pas participé à la « Protestation contre la Tour de M. Eiffel » publiée dans le journal *Le Temps* durant sa construction ?
   a. Guy de Maupassant
   b. Alexandre Dumas fils
   c. Georges Seurat

6. Combien de visiteurs compte la Tour Eiffel chaque année ?
   a. 5 500 000
   b. 7 000 000
   c. 12 000 000

7. Une reproduction de la Tour Eiffel a été faite dans un complexe hôtelier d'une ville des États-Unis. Laquelle ?
   a. Las Vegas
   b. Los Angeles
   c. New York

8. Quelle forme géométrique est représentée, au sol, par les pieds de la Tour Eiffel ?
   a. Un carré
   b. Un trapèze
   c. Un parallélogramme

9. De quel autre monument Gustave Eiffel est-il à l'origine ?
   a. L'arc de Triomphe
   b. Le dôme des Invalides
   c. La coupole de l'observatoire de Nice

10. Gustave Eiffel a été condamné à deux ans de prison à la suite d'un projet risqué dans un pays étranger. Lequel ?
   a. La Colombie
   b. Le Panama
   c. La République Dominicaine

LITTÉRATURE

Les Classiques !

La littérature classique du XVIIᵉ siècle renvoie le plus souvent à l'ordre, à l'équilibre, à la clarté et à la raison. Un peu barbant, me direz-vous ? Et bien pas du tout ! Allez, on retourne sur les bancs de l'école et on révise tout ça ! Retrouvez de qui est quoi.

1. Charles Perrault
2. Madame de la Fayette
3. Molière
4. Jean Racine
5. Pierre Corneille
6. Madame de Sévigné
7. René Descartes
8. Blaise Pascal
9. Jean de La Fontaine
10. Fénelon

a. Le Cid
b. La Princesse de Clèves
c. Les Aventures de Télémaque
d. Le Discours de la méthode
e. Les Provinciales
f. Cendrillon ou la Petite Pantoufle de vair
g. La Grenouille qui se veut faire aussi grosse que le bœuf
h. L'Avare
i. Lettres
j. Les Plaideurs

SCIENCES

L'écolo-test !

Qu'on soit pro-écolo ou un peu réfractaire, niveau environnement et développement durable, il reste beaucoup à faire ! Testez vos connaissances et votre conscience verte avec l'écolo-test...

1. **Lequel de ces déchets met le plus de temps à se décomposer (en sachant que les deux sont *totally has been*) ?**
   a. Le chewing-gum
   b. Le mégot de cigarette

2. **Crème solaire ou huile solaire pour se protéger et moins polluer cet été ?**
   a. Crème solaire
   b. Huile solaire

3. **Quelle quantité de nourriture est gaspillée chaque année en France ?**
   a. 1 million de tonnes
   b. 10 millions de tonnes

4. **Combien cela représente-il de perte en euros ?**
   a. 1,6 milliard d'euros
   b. 16 milliards d'euros

5. **Quelle est la température idéale pour faire dodo en étant écolo ?**
   a. 17°
   b. 19°

6. **Quel secteur produit le plus de gaz à effet de serre en France ?**
   a. Les transports
   b. L'industrie

7. **Lequel de ces objets ne doit pas aller dans la poubelle jaune de recyclage ?**
   a. La bombe aérosol
   b. L'essuie-tout usagé

8. **Combien de litres d'eau économise-t-on en prenant une douche de 5 minutes à la place d'un bain d'1/2 heure ?**
   a. De 40 à 50 litres
   b. De 70 à 80 litres

9. **À partir de quoi sont fabriqués les sacs compostables qui ressemblent à du plastique ?**
   a. D'amidon
   b. De chlorure de sodium

10. **Quels lieux ont dorénavant l'obligation d'installer des panneaux solaires en France ?**
    a. Les coopératives bio
    b. Les parkings extérieurs

11. **Est-il plus écolo d'envoyer un mail ou une lettre à la poste ?**
    a. Un mail bien sûr
    b. Une lettre (si on n'est pas trop pressé)

12. **Qu'est-ce que le greenwashing ?**
    a. De l'écoblanchiment
    b. De la bienveillance écologique

🌍 GÉOGRAPHIE

Viva Italia !

Avec ses plages, ses montagnes et son climat méditerranéen, l'Italie ne nous séduit pas pour rien ! Testez-vous en mode dolce vita sur l'Italie et sa géographie.

1. Quelles sont les couleurs du drapeau italien ?
   a. Vert, blanc, rouge
   b. Vert, blanc, orange
   c. Noir, blanc, rouge

2. Quel fleuve italien traverse la Toscane ?
   a. L'Adige
   b. Le Pô
   c. L'Arno

3. Quelle est la capitale de la région d'Émilie-Romagne en Italie ?
   a. Naples
   b. Milan
   c. Bologne

4. Dans quelle île Italienne se trouve la ville de Syracuse ?
   a. En Sicile
   b. En Sardaigne
   c. À Capri

5. Comment s'appelle la plus grande plage de la botte, longue de 15 km ?
   a. Spiaggiamona
   b. Platamona
   c. Piazzamona

6. Quel est le nombre d'habitants à Rome ?
   a. 1,8 millions d'habitants
   b. 2,8 millions d'habitants
   c. 3,8 millions d'habitants

7. Comment appelle-t-on la montée des eaux à Venise ?
   a. L'Acqua alta
   b. La Stanza allagata
   c. La Strada bagnata

8. Quelle est l'altitude du Diamantiditurm en Italie ?
   a. 2 846 m
   b. 4 809 m
   c. 8 849 m

9. Comment s'appelle la région qui couvre la botte italienne ?
   a. Les Fouilles
   b. Les Pouilles
   c. Les Mouilles

10. Dans quelle région se trouve la ville de Turin ?
   a. Le Piémont
   b. La Ligurie
   c. La Lombardie

🎭 CULTURE GÉNÉRALE

Happy forty, dear Prince Harry !

Cette année, on fête les 40 ans de celui qu'on a longtemps surnommé l'enfant terrible du Royaume-Uni. En effet le petit frère du Prince William, pas toujours exemplaire, est celui qui a coutume de contrarier la Couronne d'Angleterre… Testez vos connaissances sur la vie du Prince Harry !

1. Quel est le véritable prénom du prince Harry ?
   a. Harris
   b. Henry
   c. Barry

2. Quel surnom lui donne Lady Di Lorsqu'il est petit ?
   a. « My sweet prince »
   b. « My little Ginger boy »
   c. « My little Spencer »

3. Comment Harry et Meghan Markle se sont-ils rencontrés ?
   a. Lors d'un bal de charité
   b. Au Carwash Nightclub
   c. Sur Insta

4. Quel est le titre de noblesse du Prince Harry ?
   a. Duc de Sussex
   b. Comte de Success
   c. Vicomte de Sussex

5. Combien d'années dure la carrière militaire du Prince Harry ?
   a. 2 ans
   b. 5 ans
   c. 10 ans

6. En quelle année Harry devient-il pilote d'hélicoptère de l'Army Air Corps ?
   a. En 2010
   b. En 2013
   c. En 2017

7. Comment s'appellent les enfants d'Harry et Meghan ?
   a. Archie et Lilibet
   b. Archie et Lili-Rose
   c. Archie et Lili Di

8. Comment appelle-t-on le départ d'Harry et Meghan de la famille royale ?
   a. Le Brexit
   b. Le Sussexit
   c. Le Megxit

9. Où vivent-ils désormais ?
   a. À Monticello, dans le Kentucky
   b. À Motu Tautau, en Polynésie
   c. À Montecito, en Californie

91

JEUX DE MÉMOIRE

Avoir une bonne mémoire, ce n'est pas dérisoire, c'est même un devoir ! Grâce à ces petits exercices conçus pour faire travailler votre mémoire d'éléphant, vous n'avez plus d'échappatoire ! Avant de commencer, munissez-vous d'un stylo, d'un chrono et d'une feuille blanche qui vous servira à masquer les exercices lorsque cela sera indiqué !

1. La tête dans les étoiles

Votre mission, si vous l'acceptez : observez pendant 2 minutes ces 13 images. Il vous faudra mémoriser leur nom et leur emplacement. À la fin du temps indiqué, cachez les images et notez les noms qui conviennent aux bons emplacements.

2. C'est votre dernier mot ?

Voici une nouvelle façon de faire travailler votre mémoire de façon notoire ! Mémorisez les 10 mots de cette liste pendant 2 minutes (ou moins !) ; puis, après les avoir cachés à l'aide de votre feuille, retranscrivez-les, dans l'ordre, et mot pour mot !

GALAXIE
ASTÉROÏDE
supernova
ÉTOILE
TÉLESCOPE
Fusée
Constellation
SATELLITE
Planète
ASTRONOMIE

3. Cases noires

Pour vérifier qu'il n'y a pas de trous noirs dans votre mémoire, prenez 2 minutes pour mémoriser la grille ci-dessous en repérant les cases noires. Une fois que vous êtes prêt, cachez la grille noircie et prenez votre stylo pour noircir la grille vierge de la même façon.

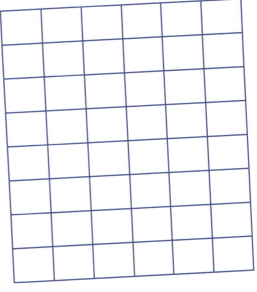

4. Un peu de poésie

Pour terminer en beauté, prenez le temps qu'il vous faut pour mémoriser ce poème de François Coppée, Étoiles filantes.

Étoiles filantes

Dans les nuits d'automne, errant par la ville,
Je regarde au ciel avec mon désir,
Car si, dans le temps qu'une étoile file,
On forme un souhait, il doit s'accomplir.

Enfant, mes souhaits sont toujours les mêmes.
Quand un astre tombe, alors, plein d'émoi,
Je fais de grands vœux afin que tu m'aimes
Et qu'en ton exil tu penses à moi.

À cette chimère, hélas ! je veux croire,
N'ayant que cela pour me consoler.
Mais voici l'hiver, la nuit devient noire,
Et je ne vois plus d'étoiles filer.

François Coppée

FRANÇAIS

Collectionnite aiguë...

La collectionnite est une manie et parfois même un savant mélange de passion et de une pathologie. Mais, c'est aussi et avant tout, compulsion ! Voici un florilège de collectionneurs aux noms à faire fichtrement peur ! Reliez le bon nom à la bonne collection.

1. L'obituarophile
2. L'émeoaerosagophile
3. Le glandophile
4. L'apertophile
5. L'erpétolophile
6. Le cuniculophile
7. Le cappaspingulophile
8. Le conchyliophilie
9. Le buticulamicrophilie microphiliste
10. L'oleumpizzasagoplasticulophilie

a. Collectionneur de balles de frondes
b. Collectionneur d'ouvre-boîtes
c. Collectionneur de lapins ou de lièvres
d. Collectionneur d'épingles à chapeaux
e. Collectionneur de faire-part de décès
f. Collectionneur de bouteilles d'alcool miniatures
g. Collectionneur de sacs à vomi
h. Collectionneur de sachets plastiques d'huile à pizza
i. Collectionneur de coquillage
j. Collectionneur de grenouilles

MATHS

Comme un poisson dans l'eau

Pour résoudre cette énigme poissonnière vous devez vous munir de 4 feutres (bleu, jaune, rouge et vert) et de toute votre logique ! Après avoir lu le texte ci-dessous vous devrez être en mesure de donner une lettre et une couleur à chaque poisson !

- Au-dessus du poisson C il y a un poisson A
- À droite du poisson jaune il y a un poisson D
- À droite du poisson vert il y a un B
- À droite du poisson jaune il y a un poisson bleu
- Au-dessus du poisson D il y a un poisson rouge

HISTOIRE

Votre Majesté !

Au cours des siècles, la monarchie britannique a su se distinguer à l'échelle mondiale, notamment pour son histoire et sa complexité. Pourrez-vous faire un sans-faute à ce « vrai ou faux » ?

1. La résidence officielle de la famille royale est le château de Balmoral.
   VRAI ou FAUX

2. La reine Elisabeth II a régné sur le Royaume-Uni pendant 70 ans.
   VRAI ou FAUX

3. Anne Stuart est la première souveraine britannique de la maison Stuart.
   VRAI ou FAUX

4. Le roi Charles III est le sixième souverain issu de la lignée des Windsor.
   VRAI ou FAUX

5. Au Royaume-Uni, c'est le monarque qui gouverne le pays.
   VRAI ou FAUX

6. Le palais de Buckingham compte 775 pièces.
   VRAI ou FAUX

7. Le titre « consort » est attribué à l'héritier(ère) du trône.
   VRAI ou FAUX

8. La reine Victoria a régné avant Guillaume IV.
   VRAI ou FAUX

9. Charles III est devenu roi le 8 septembre 2022.
   VRAI ou FAUX

10. Dans l'ordre de succession de la famille royale britannique, c'est la princesse Charlotte qui montera sur le trône après le prince William.
    VRAI ou FAUX

CULTURE GÉNÉRALE

À vos capes !

Un retour en enfance vous ferait plaisir ? Il est temps de revenir sur nos héros préférés, ces justiciers aux capacités surnaturelles qui donneraient leur vie pour sauver le monde ! Mais chaque super-héros a une identité secrète, saurez-vous les retrouver ?

1. Iron man
2. Wonder Woman
3. Hulk
4. Black Widow
5. Captain America
6. Batman
7. Catwoman
8. Flash
9. Spider-man
10. Elastigirl

a. Natalia Romanova
b. Sélina Kyle
c. Bruce Wayne
d. Hélène Parr
e. Diana Prince
f. Barry Allen
g. Peter Parker
h. Tony Stark
i. Bruce Banner
j. Steve Rogers

LITTÉRATURE

Poète-Poète !!

Vous êtes plutôt Baudelaire, Lamartine ou Marie-Claire Magazine ? Testez vos connaissances et votre âme de poète en reliant les bons vers au bon auteur. On vous attend au tournant les Poetic Lovers !

1. « Oh ! combien de marins, combien de capitaines
   Qui sont partis joyeux pour des courses lointaines. »

2. « Je veux bâtir pour toi, Madone, ma maîtresse
   Un autel souterrain au fond de ma détresse. »

3. « Pourquoi le prononcer, ce nom de la patrie ?
   Dans son brillant exil mon cœur en a frémi. »

4. « Est-elle brune, blonde ou rousse ? Je l'ignore
   Son nom ? Je me souviens qu'il est doux et sonore. »

5. « Les pétales tombés des cerisiers de mai.
   Sont les ongles de celle que j'ai tant aimée. »

6. « Les parfums ne font pas frissonner sa narine
   Il dort dans le soleil, la main sur sa poitrine. »

7. « La courbe de tes yeux fait le tour de mon cœur
   Un rond de danse et de douceur. »

8. « Et tu as couru vers lui sous la pluie
   Ruisselante ravie épanouie. »

9. « Je te porte dans moi comme un oiseau blessé
   Et ceux-là sans savoir nous regardent passer. »

10. « Elle me quitte et prend un autre amant
    Plaisir d'amour ne dure qu'un moment. »

- a. Louis Aragon *(Il n'y a pas d'amour heureux)*
- b. Arthur Rimbaud *(Le Dormeur du val)*
- c. Paul Éluard *(La courbe de tes yeux)*
- d. Jean-Pierre Claris de Florian *(Plaisir d'amour)*
- e. Charles Baudelaire *(À une madone)*
- f. Jacques Prévert *(Barbara)*
- g. Alphonse de Lamartine *(Milly ou la terre natale)*
- h. Guillaume Apollinaire *(Mai)*
- i. Paul Verlaine *(Mon rêve familier)*
- j. Victor Hugo *(Oceano nox)*

SCIENCES

Les dinosaures

Avez-vous déjà rêvé de voir un dinosaure ? Quand vous étiez enfant, peut-être ? Il est temps de faire remonter vos souvenirs de cette espèce mystérieuse à la surface, et de tester vos connaissances sur le sujet en répondant à ce quiz spécial dinos !

1. **Le nom scientifiques des dinosaures vient de grec ancien. Quel est-il ?**
   a. Dinosaurus
   b. Dinosauria
   c. Dinosauris

2. **De nos jours, combien d'espèces de dinosaures sont-elles connues ?**
   a. 1200
   b. 680
   c. 320

3. **Comment appelle-t-on les scientifiques spécialisés dans l'étude des dinosaures ?**
   a. Archéologues
   b. Chercheurs
   c. Paléontologues

4. **En quelle année a été découvert le premier dinosaure ?**
   a. 1715
   b. 1615
   c. 1815

5. **De quelle origine est le paléontologue qui a donné leur nom aux dinosaures ?**
   a. Russe
   b. Anglais
   c. Grecque

6. **Quand a commencé l'ère des dinosaures ?**
   a. Il y a 250 millions d'années
   b. Il y a 66 millions d'années
   c. Il y a 100 millions d'années

7. **Laquelle de ces espèces avait la capacité de voler ?**
   a. L'Abrictosaure
   b. Le Dilong
   c. Le Vélociraptor

8. **Quelle taille mesurait le Tyrannosaure rex ?**
   a. 8 à 10 mètres de long
   b. 12 à 14 mètres de long
   c. 3 à 5 mètres de long

9. **Quelle est la taille du plus grand dinosaure qui a été découvert ?**
   a. 37 mètres
   b. 24 mètres
   c. 19 mètres

10. **Quelle est la cause de l'extinction des dinosaures ?**
    a. La chute d'un astéroïde
    b. Une éruption volcanique
    c. Un séisme de forte amplitude

GÉOGRAPHIE

Bienvenue en Afrique

Voici le quiz incontournable des vacances : celui des pays et des capitales ! Mais cette fois, concentrons-nous sur la continent Africain. À vous de jouer !

1. Quelle est la capitale du Burkina Faso ?
   a. Ouagadougou
   b. Djouba
   c. Conakry

2. Où est située la Mauritanie ?
   a. Au nord de l'Afrique
   b. Au centre de l'Afrique
   c. Au sud de l'Afrique

3. Quelle est la capitale du Maroc ?
   a. Marrakech
   b. Casablanca
   c. Rabat

4. Quel pays n'est pas frontalier à la République démocratique du Congo ?
   a. L'Angola
   b. La Namibie
   c. Le Soudan du sud

5. De quel pays Accra est la capitale ?
   a. Le Ghana
   b. Le Rwanda
   c. Le Burundi

6. Quelle est la capitale du Sénégal ?
   a. Tripoli
   b. N'Djamena
   c. Dakar

7. Dans quel pays le Nil bleu prend-il sa source ?
   a. La Lybie
   b. L'Éthiopie
   c. La Côte d'Ivoire

8. Quel pays est frontalier au Tchad ?
   a. Le Niger
   b. Le Kenya
   c. La Somalie

9. De quel pays Praia est la capitale ?
   a. La République centrafricaine
   b. Le Bénin
   c. Le Cap-Vert

CULTURE GÉNÉRALE

Parrain du cinéma américain

Il y a 20 ans disparaissait Marlon Brando, acteur culte et dandy, du *Parrain* à *Apocalypse Now* en passant par le *Dernier Tango à Paris*. Préparez vos copies, on révise sa bio et sa filmographie !

1. Où est né Marlon Brando ?
   a. Omaha
   b. Ogallala
   c. Oklahoma

2. Quel film lance la carrière de l'acteur ?
   a. *Subway*
   b. *Un tramway nommé Désir*
   c. *Mystery Train*

3. Qui est-il dans *Le Parrain* sorti en 1972 ?
   a. Michael Corleone
   b. Sonny Corleone
   c. Vito Corleone

4. Pourquoi Marlon Brando ne joue-t-il pas dans la suite du Parrain ?
   a. Parce qu'il refuse d'apprendre son texte
   b. Parce qu'il s'est cassé une dent
   c. Parce qu'il est très jaloux d'Al Pacino

5. Qui est sa dernière épouse ?
   a. Anna Kashfi
   b. Movita Castaneda
   c. Tarita Tériipaia

6. Quel drame touche la famille Brando en 1990 ?
   a. Christian, fils de Marlon Brando tue le futur père de la fille de sa sœur
   b. Cheyenne, fille de Marlon Brande tue sa mère surprise avec le père sa fille
   c. Marlon Brando, père cheyenne tue la mère celle-ci suite au décès de Christian

7. En quelle année sort *Apocalypse Now* sur le grand écran ?
   a. En 1979
   b. En 1980
   c. En 1981

8. À quelle jeune comédienne Marlon Brando donne-t-il la réplique dans *Le Dernier Tango à Paris* ?
   a. Maria Schneider
   b. Magda Schneider
   c. Romy Schneider

9. Comment s'appelle l'Île de Marlon Brando en Polynésie ?
   a. Takapoto
   b. Tahuata
   c. Tetiaroa

AFRICA

*L'Afrique est le 2ᵉ continent le plus peuplé au monde après l'Asie.
En termes de superficie, il occupe 6% de la surface de la Terre !
En revanche, il compte à peine plus de pays qu'il n'y a d'États aux USA.*

Pourriez-vous les replacer sans vous tromper ? Allez, on y croit !

Afrique du Sud • Algérie • Angola • Bénin • Botswana • Burkina Faso • Cameroun • Cap Vert • Comores • Côte d'Ivoire • Djibouti • Égypte • Érythrée • Eswatini • Éthiopie • Gabon • Gambie • Ghana • Guinée • Guinée Équatoriale • Guinée-Bissau • Kenya • L'île Maurice • Lesotho • Libéria • Libye • Madagascar • Malawi • Mali • Maroc • Mauritanie • Mozambique • Namibie • Niger • Nigeria • Ouganda • République d'Afrique centrale • République démocratique du Congo • République du Congo • Rwanda • Sahara Occidental • Sao Tomé-et-Principe • Sénégal • Seychelles • Sierra Leone • Somalie • Soudan • Soudan du Sud • Tanzanie • Tchad • Togo • Tunisie • Zambie • Zimbabwe

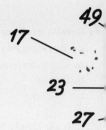

1. ....
2. ....
3. ....
4. ....
5. ....
6. ....
7. ....
8. ....
9. ....
10. ....
11. ....
12. ....
13. ....
14. ....
15. ....
16. ....
17. ....
18. ....
19. ....
20. ....
21. ....
22. ....
23. ....
24. ....
25. ....
26. ....
27. ....
28. ....
29. ....
30. ....
31. ....
32. ....
33. ....
34. ....
35. ....
36. ....
37. ....
38. ....

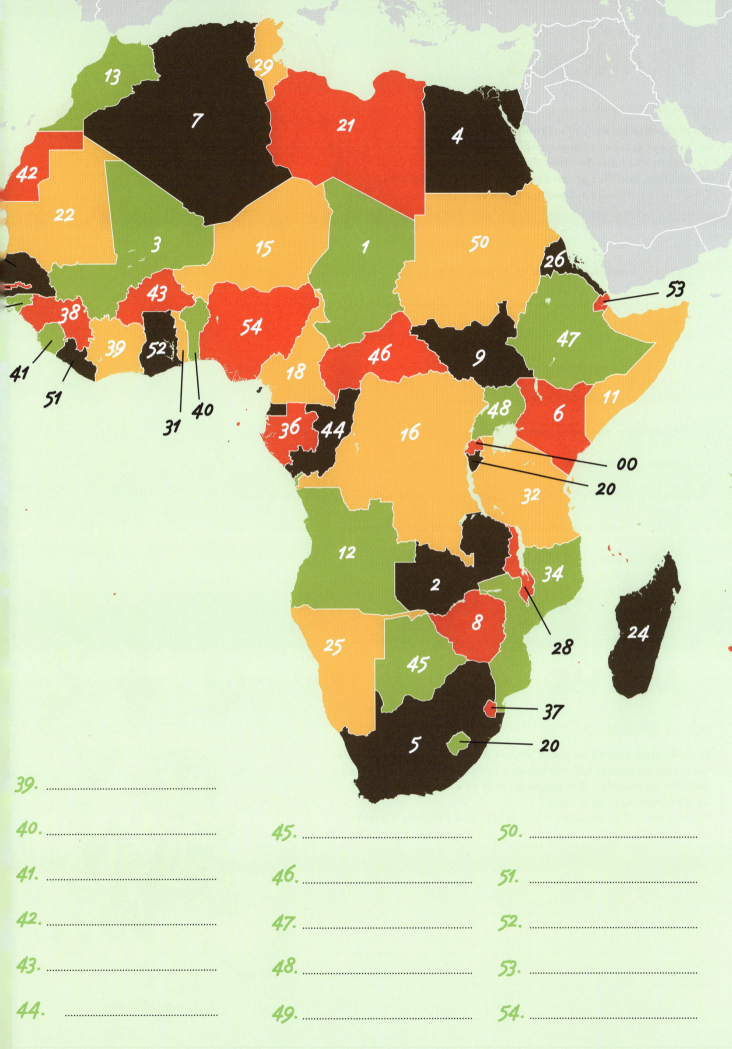

39. ....
40. ....
41. ....
42. ....
43. ....
44. ....
45. ....
46. ....
47. ....
48. ....
49. ....
50. ....
51. ....
52. ....
53. ....
54. ....

99

FRANÇAIS

Gym Conjugaison

On mutualise les sens et les compétences avec un concept-test pour faire travailler neurones, lombaires et abdos-fessiers. Prenez une grande respiration, soufflez et retrouver la bonne terminaison. C'est l'heure de « Gym Conjugaison » !

1. À la rentrée, je **m'inscrirai** ou **m'inscrirais** à la salle de sport, c'est **décidé** ou **décider.**

2. Le body pump c'est galère, je me **remets** ou **me remet** à peine de ma déchirure musculaire.

3. La fermeture des salles de sport en 2020 **avait** ou **avaient** entraîné une augmentation du nombre de randonneurs.

4. Il faut que nous **travaillions** ou **travaillons** nos lombaires en pliant les jambes, les pieds collés au sol.

5. Tu **courras** ou **couras** jusqu'à ce que tu n'en puisses plus.

6. Côté respiration, **pensez** ou **penser** à bien **soufflé** ou **souffler** lors de la contraction.

7. L'athlétisme se **pratiquait** ou **pratiqué** déjà dans l'antiquité.

8. Grâce au crossfit, Géraldine et sa copine **pourrons** ou **pourront** retrouver leur corps d'antan.

9. Il fait chaud à la plage ce matin, j'aurais **dû** ou **j'aurai dus** prendre mon maillot de bain.

10. Vous **terminâtes** ou **terminâmes** le cours, les muscles en feu…

MATHS

PQ en équation

**Jean-Kevin s'est fait un peu d'argent de poche en revendant des rouleaux de papier toilette achetés par ses parents en prévision de la fin du monde… Il a gagné en tout 15 euros en pièces de 50 centimes et de 2 euros.
Pouvez-vous dire combien il y a de pièces de chaque sorte ?**

HISTOIRE

Punchlines historiques

Certaines phrases ont changé le cours de l'histoire et/ou marqué les esprits de celles et ceux qui ont une bonne mémoire... Petit tour de quelques citations célèbres de l'Histoire pour frimer en société cet été ! Reliez la bonne punchline au bon punchlineur.

1. « La politique m'apparaît comme une sinistre rigolade. »
2. « C'est bien taillé, mon fils ; maintenant il faut coudre. »
3. « L'Homme est par nature un animal politique »
4. « Paris ! Paris outragé ! Paris brisé ! Paris martyrisé ! Mais Paris libéré ! »
5. « L'État, c'est moi. »
6. « Il y a deux organes inutiles : la prostate et le Président de la République. »
7. « Une nation n'a de caractère que lorsqu'elle est libre. »
8. « Les barricades sont les voix de ceux qu'on n'entend pas. »
9. « Un chef, c'est fait pour cheffer. »
10. « Un Premier ministre, on le lèche, on le lâche, on le lynche ! »
11. « Le fascisme, ce n'est pas d'empêcher de dire, c'est d'obliger à dire. »
12. « Tous les matins, je me lève en me disant que tout le monde m'aime. »

a. Charles de Gaulle
b. Georges Clémenceau
c. Martin Luther King
d. Jacques Chirac
e. Alain Juppé
f. Simone Weil
g. Roland Barthes
h. Catherine de Médicis
i. Louis XIV
j. Madame de Staël
k. Aristote
l. Anne Hidalgo

CULTURE GÉNÉRALE

L'été des 400 coups

Nous célébrons, cette année, les 40 ans de la mort du réalisateur des Quatre Cents Coups et du Dernier Métro, j'ai nommé le grand François Truffaut ! Une très bonne occasion pour surfer sur la Nouvelle Vague ! Alors, plutôt Truffaut ou tout faux ?

1. **Où est né François Truffaut ?**
   a. Paris 16e
   b. Paris 17e
   c. Paris 18e

2. **Qui incarne le jeune Antoine Doinel dans le film Les Quatre Cents Coups ?**
   a. Jean-Pierre Léaud
   b. Jean-Pierre Marielle
   c. Jean-Pierre Bacri

3. **En quelle année sort le film Jules et Jim ?**
   a. En 1952
   b. En 1962
   c. En 1972

4. **Mais en fait, de qui sont amoureux Jules et Jim ?**
   a. Réjane
   b. Catherine
   c. Lilianne

5. **Combien de César remporte le film Le Dernier Métro en 1981 ?**
   a. 6
   b. 8
   c. 10

6. **Avec qui François Truffaut entretient-il une relation top secrète entre 1968 et 1970 ?**
   a. Françoise Dorléac
   b. Catherine Deneuve
   c. Fanny Ardant

7. **Dans quel film Mathilde tue Bernard ?**
   a. Domicile Conjugal
   b. Baisers Volés
   c. La Femme d'à côté

8. **Comment s'appelle la société de production fondée par François Truffaut en 1957 ?**
   a. Les Films du Chariot
   b. Les Films du Caddie
   c. Les Films du Carrosse

9. **Dans quel film François Truffaut joue-t-il le professeur Claude Lacombe ?**
   a. Star Wars
   b. Rencontres du troisième type
   c. E.T. l'extra-terrestre

10. **Où est enterré François Truffaut ?**
    a. Au Cimetière de Montmartre
    b. Au Cimetière du Montparnasse
    c. Au Cimetière du Père-Lachaise

LITTÉRATURE

Les fables de La Fontaine

Les fameuses fables de Jean de La Fontaine et leurs morales ont bercé notre enfance. Ne serait-ce pas le moment de revenir dessus et de réviser nos connaissances ?

1. **Combien de fables Jean de La Fontaine a-t-il écrit ?**
   a. 227
   b. 243
   c. 256

2. **Complétez le titre suivant : *Le Chêne et le ...***
   a. Fleuve
   b. Loup
   c. Roseau

3. **Que critique Jean de La Fontaine dans certaines de ses fables ?**
   a. La Monarchie absolue
   b. L'économie du pays
   c. Le système judiciaire

4. **Quelle figure de style n'utilise pas Jean de La Fontaine dans ses fables ?**
   a. Le pléonasme
   b. L'allégorie
   c. La personnification

5. **Dans *La Cigale et la Fourmi*, quel insecte n'est pas évoqué ?**
   a. La mouche
   b. Le gendarme
   c. Le vermisseau

6. **Quel titre est incorrect ?**
   a. *Le Loup et la Cigogne*
   b. *Le loup et le Chien maigre*
   c. *Le Loup et le Lapin*

7. **Quel vers suit celui-ci dans *La Laitière et le pot au lait* : « Notre laitière ainsi troussée » ?**
   a. « Sa fortune ainsi répandue »
   b. « Comptait déjà dans sa pensée »
   c. « Bien posée sur un coussinet »

8. **En quelle année est paru le premier recueil des fables de La Fontaine ?**
   a. 1668
   b. 1678
   c. 1688

9. **Quelle est la morale dans *Le Lièvre et la Tortue* ?**
   a. « Savoir quoi, ce n'est pas l'affaire »
   b. « Il partit comme un trait ; mais les élans qu'il fit / furent vains »
   c. « Rien ne sert de courir ; il faut partir à point »

10. **Dans combien de recueils sont regroupées les fables de La Fontaine ?**
    a. 2
    b. 3
    c. 4

SCIENCES

Les signes du zodiaque

Science, pseudoscience ou croyance ? On peut en penser ce qu'on veut mais avouons-le, on est toujours un peu ok pour lire l'horoscope à l'avant-dernière page du notre magazine préféré... Petit quiz sur les signes astrologiques pour les adeptes et les sceptiques !

1. **Quel est le premier signe du zodiaque ?**
   a. Le poisson
   b. Le bélier
   c. Le taureau

2. **Quel est le signe astrologique d'une personne née le 22 août ?**
   a. Cancer
   b. Lion
   c. Vierge

3. **Quel signe est le plus rare (en se basant sur le nombre de naissances par mois) ?**
   a. Le sagittaire
   b. Le capricorne
   c. Le verseau

4. **Quel est l'élément du signe des gémeaux ?**
   a. L'air
   b. Le feu
   c. La terre

5. **Quel nom désigne les sous-divisions des signes astrologiques ?**
   a. Décan
   b. Décil
   c. Degré

6. **Lequel de ces signes astrologiques est un signe d'eau ?**
   a. Le cancer
   b. Le verseau
   c. La vierge

7. **Par quelle figure mythologique est représenté le signe astrologique du Sagittaire ?**
   a. Le minotaure
   b. L'hydre
   c. Le centaure

8. **Quel est le signe astrologique d'une personne née un 14 juillet ?**
   a. Poissons
   b. Scorpion
   c. Cancer

9. **Quelles sont les dates du signe de la balance ?**
   a. 23 août - 22 septembre
   b. 23 septembre - 22 octobre
   c. 23 octobre - 22 novembre

10. **Quel est le huitième signe du zodiaque ?**
    a. La Vierge
    b. La Balance
    c. Le Scorpion

GÉOGRAPHIE

Qui suis-je...

Je peux être grand, petit ou riquiqui. Je peux border la mer, l'océan ou même l'Ouzbékistan... Y a-t-il des balèzes en géographie, ici ? Pour le savoir, on dégaine « Le Qui suis-je des pays » !

1. Je suis le plus grand pays du monde, et ça, personne ne peut dire le contraire... Qui suis-je ?
   a. La Fédération de Russie
   b. La République populaire de Chine
   c. Le Canada

2. On me prénomme Oncle Sam et je suis divisé en 50 parties, qui suis-je ?
   a. Les États fédérés de Micronésie
   b. La Nouvelle-Zélande
   c. Les États-Unis

3. Je borde l'océan Pacifique et ma capitale est Managua, qui suis-je ?
   a. Le Costa-Rica
   b. Le Nicaragua
   c. Le Panama

4. J'ai des frontières communes avec la Belgique et l'Allemagne, qui suis-je ?
   a. La Suède
   b. Le Danemark
   c. Les Pays-Bas

5. Je suis le plus petit pays d'Europe et ma superficie est de 0,44 km², qui suis-je ?
   a. Le Vatican
   b. Le Luxembourg
   c. Gibraltar

6. Je suis la « Nation arc-en-ciel », qui suis-je ?
   a. L'Afrique du Sud
   b. Les Comores
   c. Le Zimbabwe

7. Je suis le plat pays, qui suis-je ?
   a. Le Botswana
   b. La Bolivie
   c. La Belgique, une fois

8. Je suis *number one* sur le podium des pays les plus riches du monde en 2023, qui suis-je ?
   a. L'Irlande
   b. Le Luxembourg
   c. La Suisse

9. Je suis insulaire et je me caille les miches. Ma capitale est Reykjavik, qui suis-je ?
   a. L'Indonésie
   b. La Finlande
   c. L'Islande

CULTURE GÉNÉRALE

Miam...

Aux fourneaux, les vacanciers ! Il est l'heure de nous faire partager vos talents culinaires d'exception pour ce quiz cuisine à base de fruits et légumes de saison ! Entourez la bonne réponse.

1. Qu'est-ce qu'un tian de légumes ?
   a. Une tarte aux légumes verts
   b. Un ragoût de légumes à la provençale
   c. Une salade de tians...

2. Quelle salade du sud est à base d'olives, anchois, poivrons et de tomates ?
   a. La niçoise
   b. La piémontaise
   c. La lyonnaise

3. Lequel de ces fruits du début de l'été est le moins calorique ?
   a. La fraise
   b. La figue
   c. La rhubarbe

4. Quelle partie de la capucine peut être cuisinée ?
   a. La feuille
   b. La fleur
   c. Les deux, soyons fous...

5. Comment s'appelle la spécialité niçoise à base d'oignons, olives, anchois et pâte à pain ?
   a. La pissaladière
   b. La pizzaladière
   c. La pastaladière

6. De quoi sont faites les bulles dans un bubble tea ?
   a. De perles de tapioca
   b. De perles d'alginate
   c. De perles de blé

7. Avec quoi peut-on marier la pastèque ?
   a. Le fenouil, l'ail et la noix de coco
   b. La coriandre, l'échalote et l'artichaut
   c. L'origan, l'oignon et le poireau

8. Quel est l'ingrédient n° 1 du taboulé libanais ?
   a. Le pois chiche
   b. Le persil
   c. La semoule

9. Quel célèbre cocktail est à base de vodka, liqueur de pêche, jus d'ananas et jus de cranberry ?
   a. L'embuscade
   b. La vodka tagada
   c. Le sex on the beach

DEVINETTES
Repos, bien-être et devinettes

Farniente, bien-être et devinettes s'associent sur 20 blagounettes pour ricaner, tranquille, sur sa serviette. Et oui, ça commence à se savoir, le rire détend et oxygène le cerveau… C'est pas beau ?

1. Combien font 1 + 1 ?
....

2. Que fait Platon quand ça le démange ?
....

3. Que se passe-t-il quand deux poissons s'énervent ?
....

4. Quel est le cri du mérou ?
....
....
....

5. Que dit une noisette quand elle tombe à l'eau ?
....

6. Pourquoi Harry chuchote ?
....

7. Pourquoi faut-il toujours enlever ses lunettes lors de l'alcootest ?
....

8. C'est le fils de ma mère mais ce n'est pas mon frère, qui est-ce ?
....

9. Quelle est la différence entre un crocodile et un alligator ?
....

10. Où les biscottes vont-elles pour faire la fête ?
....

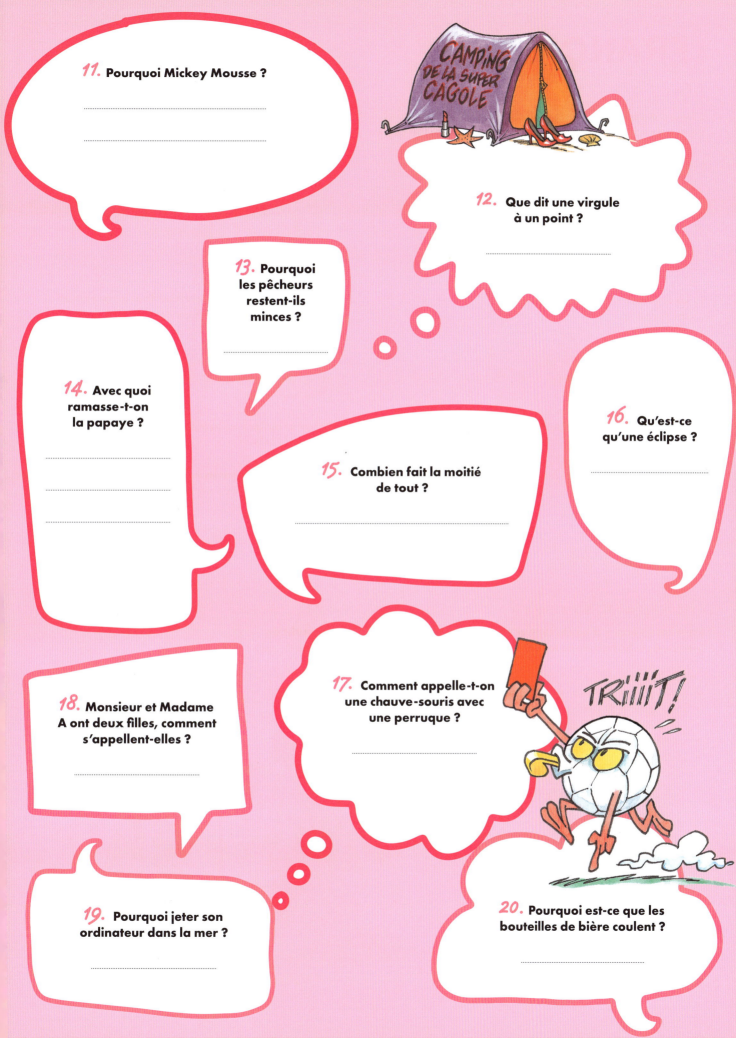

FRANÇAIS

Objectif 10/10 !

**L'heure a sonné pour le grand défi 10/10 en français !
Bien entendu, on n'attend pas moins qu'un carton plein...**

1. **Pour remercier chaleureusement, on écrit « milles mercis » et non « mille mercis ».
VRAI ou FAUX**

2. **Les adjectifs de couleur marron et orange sont invariables.
VRAI ou FAUX**

3. **La tournure « de façon à ce que » est correcte.
VRAI ou FAUX**

4. **Le mot qui rapporte le plus au scrabble est whiskey.
VRAI ou FAUX**

5. **Dahlia et fuchsia s'écrivent comme ça.
VRAI ou FAUX**

6. **« Ranges ta chambre ! » s'écrit ainsi.
VRAI ou FAUX**

7. **La phrase « Tony va au coiffeur tout les premiers mercredi du mois » est correcte.
VRAI ou FAUX**

8. **« Que tu eusses préféré un autre quiz » est au plus-que-parfait du subjonctif.
VRAI ou FAUX**

9. **Parmi et malgré ne prennent jamais de S.
VRAI ou FAUX**

10. **La phrase « J'ai attendu des mois voir des années pour faire ce quiz » est correcte.
VRAI ou FAUX**

MATHS

Des chiffres et des chiffres

Pour cet exercice à haute teneur en logique mathématique il vous suffit de mettre des chiffres dans les cases ci-dessous... Pas n'importe comment, hein !

On vous explique :
- 3 est à gauche de 1 et au-dessus de 5
- 8 est à gauche de 2 et au-dessus de 6
- 7 est dans un angle en dessous du 5 et à côté du 6
- le total des colonnes est égal
- les chiffres de 1 à 9 doivent être utilisés une seule fois chacun

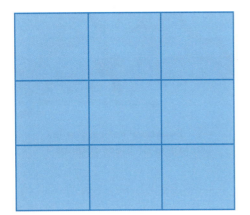

HISTOIRE

Objectif 10/10

Profitons de l'été pour tester vos connaissances en histoire du monde et vous remettre à jour avec ce quiz.

1. En quelle année ont eu lieu les bombardements de Hiroshima et Nagasaki au Japon ?
   a. 1942
   b. 1945
   c. 1948

2. Quel est le bon ordre des périodes historiques ?
   a. L'Antiquité – la Préhistoire – Le Moyen-Âge – les temps modernes – l'époque contemporaine
   b. La Préhistoire – l'Antiquité – le Moyen-Âge – l'époque contemporaine – les temps modernes
   c. La Préhistoire – l'Antiquité – le Moyen-Âge – les temps modernes – l'époque contemporaine

3. Quel scientifique est à l'origine de la découverte de la pénicilline ?
   a. Alexander Flemming
   b. Marie Curie
   c. Albert Einstein

4. À quelle date le droit de vote a-t-il été accordé aux femmes en France ?
   a. Le 21 février 1944
   b. Le 21 avril 1944
   c. Le 21 septembre 1944

5. Quel pays n'a pas accueilli de civilisation inca ?
   a. Le Pérou
   b. L'Argentine
   c. Le Mexique

6. Quelle est la plus grande structure architecturale au monde construite par l'homme ?
   a. La Grande Muraille de Chine
   b. Le barrage des Trois Gorges (Chine)
   c. La Burj Khalifa (Émirats arabes unis)

7. En quelle année a été inventée la télévision ?
   a. 1923
   b. 1925
   c. 1929

8. Quel astronaute accompagnait Neil Armstrong lors du premier voyage sur la Lune ?
   a. Buzz Aldrin
   b. Charles Conrad
   c. Alan Bean

9. Qui est la première femme à recevoir le Prix Nobel ?
   a. Marie Curie
   b. Maria Montessori
   c. Irène Joliot-Curie

10. À quel président américain doit-on l'abolition de l'esclavage aux États-Unis ?
   a. Theodore Roosevelt
   b. Thomas Jefferson
   c. Abraham Lincoln

CULTURE GÉNÉRALE

Citations cultes

Oyez, oyez ! Y a-t-il des fans de cinéma par ici ? Vous pensez être incollable sur le sujet ? Le moment est venu de le prouver. À vous de relier ces dix répliques de film à l'œuvre correspondante.

1. « L'avenir, c'est ce qu'on a inventé de mieux pour gâcher le présent. »

2. « Je respecte ton avis, tu vois, mais en même temps, c'est pas le mien, donc c'est pas le bon. »

3. « Si on travaille pour gagner sa vie, pourquoi se tuer au travail ? »

4. « Si tu veux un conseil, oublie que t'as aucune chance. On sait jamais, sur un malentendu ça peut marcher. »

5. « On rencontre souvent sa destinée par les chemins qu'on a pris pour l'éviter »

6. « La vie, c'est comme une boîte de chocolats : on ne sait jamais sur quoi on va tomber. »

7. « Un grand pouvoir implique de grandes responsabilités. »

8. « Quand on parle pognon, à partir d'un certain chiffre, tout le monde écoute. »

9. « Et surtout, n'oubliez pas que trop n'est jamais assez. »

10. « Trois consonnes, quatre voyelles et un seul sens : je t'aime ? »

a. Le Pacha
b. Kung Fu Panda
c. Le bon, la brute et le truand
d. Le loup de Wall Street
e. Forrest Gump
f. Et Dieu créa la femme
g. Spider-Man
h. Les bronzés font du ski
i. Titanic
j. Brice de Nice

107

LITTÉRATURE

Le 10/10 Littéraire !

Adeptes des lettres et de la lecture, on fait le bilan de vos acquis en littérature. Faites-nous un sans-faute bien sûr !

1. Laquelle de ces pièces de théâtre absurde est de Samuel Beckett ?
   a. *La Cantatrice chauve*
   b. *En attendant Godot*

2. Qu'est-ce qui disparaît dans *La Disparition* de Georges Perec ?
   a. Les « e »
   b. La ponctuation

3. Qui a écrit *Le Meilleur des mondes* en 1931 ?
   a. Aldous Huxley
   b. George Orwell

4. Qui est l'auteur du roman *Germinal* ?
   a. Victor Hugo
   b. Émile Zola

5. Comment s'appelle la petite fille des cahiers de Riad Sattouf ?
   a. Esther
   b. Mortelle Adèle

6. Quel est le tout premier livre de Françoise Sagan ?
   a. *Aimez-vous Brahms ?*
   b. *Bonjour Tristesse*

7. À quel genre appartiennent *Les confessions* de Jean-Jacques Rousseau ?
   a. Autobiographique
   b. Épistolaire

8. De quelle ville est Tartarin dans les romans d'Alphonse Daudet ?
   a. Tartaras
   b. Tarascon

9. Qu'est-ce que l'assonance ?
   a. La répétition d'une voyelle
   b. La répétition d'une consonne

10. Dans quelle fable la Fontaine trouve-t-on la morale « En toute chose il faut considérer la fin » ?
    a. *Le Renard et le Bouc*
    b. *Les animaux malades de la peste*

SCIENCES

Mission 10/10 !

Mettez vos connaissances scientifiques à l'épreuve avec le Quiz 10/10. Votre mission : 100 % de bonnes réponses aux 10 questions !

1. L'épaisseur moyenne de l'atmosphère terrestre est d'environ 600 km.
   VRAI ou FAUX

2. Les dinosaures se sont éteints il y a 35 millions d'années.
   VRAI ou FAUX

3. La formule $E=mc^2$ exprime l'équivalence entre la masse et l'énergie.
   VRAI ou FAUX

4. Pierre et Marie Curie découvrent la radioactivité en 1896.
   VRAI ou FAUX

5. Phoebe et Dominos sont les deux satellites naturels de Mars.
   VRAI ou FAUX

6. La mésosphère se trouve sous la croûte terrestre.
   VRAI ou FAUX

7. Le paludisme est une maladie causée par un parasite et non par une bactérie.
   VRAI ou FAUX

8. Darwin est l'auteur de l'ouvrage *L'origine des espèces*.
   VRAI ou FAUX

9. Les leucocytes sont des globules blancs.
   VRAI ou FAUX

10. L'ampère est l'unité qui permet d'exprimer la puissance électrique.
    VRAI ou FAUX

GÉOGRAPHIE

Objectif 10/10 !

Objectif 10/10 en géographie ! Vous l'aurez compris, vous n'avez pas le droit à l'erreur les travellers ! Entourez la bonne réponse.

1. Le tropique du Cancer se situe au sud de l'Équateur.
   VRAI ou FAUX

2. La monnaie officielle du Canada est le dollar américain.
   VRAI ou FAUX

3. Quimper est une ville du 29.
   VRAI ou FAUX

4. El Pequeño est un courant anormalement chaud du Pacifique.
   VRAI ou FAUX

5. Le drapeau de la Suisse et celui du Vatican sont carrés.
   VRAI ou FAUX

6. L'Afghanistan partage une frontière avec la Chine.
   VRAI ou FAUX

7. Il y a plus de 20 langues officielles en Inde.
   VRAI ou FAUX

8. Cuba est la plus grande île des Antilles.
   VRAI ou FAUX

9. Le lac Nasser est le plus grand lac artificiel du monde.
   VRAI ou FAUX

10. Llanfairpwllgwyngyllgogerychwyrndrobwllllantysilio-gogogoch est un village au pays de Galles.
    VRAI ou FAUX

CULTURE GÉNÉRALE

Quiz 10/10 !

Il est l'heure de prouver au monde entier vos connaissances tous azimuts ! Rassurez-vous, on touche au but...

1. Qui a dit : « À cœur vaillant, rien d'impossible » ?
   a. Jacques Cœur
   b. Guillaume le Conquérant

2. Quel est le surnom de Louis XVI ?
   a. Le restaurateur de la liberté
   b. Le roi Soleil

3. Qui est l'architecte de la pyramide du Louvre ?
   a. Jean Nouvel
   b. Ieoh Ming Pei

4. À qui doit-on le tube interplanétaire *Total Eclipse of the Heart* ?
   a. Kim Carnes
   b. Bonnie Tyler

5. À quel peintre réaliste doit-on *L'Origine du monde* ?
   a. Édouard Manet
   b. Gustave Courbet

6. Quel est le premier film parlant de Charlie Chaplin ?
   a. *Le Dictateur*
   b. *Le Cirque*

7. Comment s'appelle le premier chien envoyé dans l'espace ?
   a. Dolly
   b. Laïka

8. Qu'est-ce que la conchyliculture ?
   a. L'élevage de cochons d'Inde
   b. L'élevage de coquillages

9. Qui est considéré comme le père de la théorie du chaos ?
   a. Edward Lorenz
   b. Albert Einstein

10. Qui a dit : « Personne n'est trop petit pour avoir un impact et changer le monde » ?
    a. Greta Thunberg
    b. Passe-Partout

COMME LES PETITS !

Ah… les vacances ! On repense à nos châteaux de sable, à nos courses en patins à roulettes et à nos parties de billes. Comme on est restés des grands enfants, on se laisse aller et on fait semblant d'avoir dix ans !

1. L'incontournable jeu des 7 erreurs

Pour ce voyage dans le temps qui vous ramène en enfance, vous devez utiliser vos talents d'enquêteur pour trouver les 7 erreurs. Sortez la loupe !

2. L'inévitable labyrinthe

Pour aider cet astronaute à rejoindre la planète Terre, vous devrez réveiller les talents d'observation et de logique qui sommeillent en vous… À vos stylos !

3. À vos crayons de couleur !

N'attendez plus, prenez vos plus beaux crayons et réalisez un joli coloriage... mais sans dépasser, attention !

CORRIGÉS

Pages 4 à 7

Page 4
Français
Ô vous qui, dans la paix et la grâce fleuris,
Animez et les champs et vos **forêts** natales,
Enfants silencieux des races végétales,
Beaux arbres, de **rosée** et de soleil nourris,
La Volupté par qui toute race animée
Est **conçue** et se dresse à la clarté du jour,
La mère aux **flancs** divins de qui sortit l'Amour,
Exhale aussi sur vous son haleine **embaumée**.
Fils des fleurs, vous naissez comme nous du Désir,
Et le Désir, aux jours sacrés des fleurs écloses,
Sait rassembler votre âme éparse dans les choses,
Votre âme qui se cherche et ne se **peut** saisir.
Et, tout enveloppés dans la sourde matière
Au limon **paternel** retenus par les pieds,
Vers la vie aspirant, vous la **multipliez**,
Sans achever de **naître** en votre vie entière.

Maths
1. Recherche de la longueur AB :
ABCD rectangle, d'où :
$A_{ABCD} = L_{ABCD} \times l_{ABCD} = AB \times AD$.
On obtient alors : $AB = A_{ABCD}/AD = 48/8 = 6$
2. Recherche de la longueur AE
D, A, E alignés dans cet ordre, d'où :
DE = DA + AE, ce qui équivaut à : AE = DE – DA = 16 – 8 = 8
3. Recherche de la longueur EB
Par construction : le triangle AEB est rectangle.
Dans le triangle AEB rectangle en A, on a :
• AE = 8 m
• AB = 6 m
D'après le théorème de Pythagore :
$AB^2 + AE^2 = EB^2$
On obtient alors : $EB^2 = 8^2 + 6^2 = 100$
EB est une longueur, donc forcément positive.
D'où : $EB = \sqrt{EB^2} = \sqrt{100} = 10$

Page 5
Histoire
1i, 2d, 3g, 4a, 5h, 6e, 7c, 8j, 9f, 10b.
Culture Générale
1a, 2a, 3c, 4a, 5c, 6c, 7b, 8b, 9a, 10c.

Page 6
Littérature
Réponses :
1. VRAI ; **2.** VRAI ; **3.** FAUX ; **4.** FAUX ; **5.** FAUX ; **6.** VRAI ; **7.** FAUX ; **8.** FAUX ; **9.** VRAI.
Sciences
1a, 2b, 3c, 4a, 5a, 6b, 7c, 8b.

Page 7
Géographie
1b, 2c, 3b, 4a, 5c, 6c, 7a, 8c, 9a, 10c.
Culture générale
1a, 2a, 3b, 4a, 5c, 6b, 7a, 8c, 9c, 10a.

Pages 8 et 9

Jeux de lettres 1
1. bercer, berger, cerner, dolmen, galant, galber, gérant, gercer, glacer, inégal, manger, mentir, placer, plaine, planer, tanner, tirant, tracer, traine, venger...
2. Chuterai : Autriche ; Etiolent : Lettonie ; Galerie : Algérie ; Inusité : Tunisie ; Issues : Suisse ; Libres : Brésil ; Métal : Malte ; Nimberai : Birmanie ; Salutaire : Australie ; Sustentai : États-Unis.
3. a. 7 lettres : piaffer, fripera, rebiffa, vibrera. 6 lettres : baffer, braver, varier, parier. 5 lettres : bâfre, brave, fifre, vraie.
b. 8 lettres : embrunis, informes, monsieur, uniforme. 7 lettres : fourmis, fumoirs, omnibus, embruns. 6 lettres : sermon, snober, moines, fumier.
c. 8 lettres : granulée, narguent, générant, régalent. 7 lettres : général, alterne, gluante, lenteur. 6 lettres : argent, galère, régate, nageur.
4. cancer, canopée, canton, carcan, carton, cerise, certes, épuisé, épurer, glacer, glaise, opérer, pincer, poncer, ponton, poupon, tampon, terrer, tester, volcan...

Pages 10 à 13

Page 10
Français
1. COI ; **2.** COD ; **3.** COD ; **4.** COI ; **5.** COD ; **6.** COD ; **7.** COD ; **8.** COI ; **9.** COI ; **10.** COD
Maths
1. $252 = 2^2 \times 3^2 \times 7$
$162 = 2 \times 3^2 \times 9$
D'où : PGCD (162 ; 252) = $2 \times 3^2 = 18$, nombre de lots que devrait vendre le magasin.
2. 252/18 = 14 et 162/18 = 9
Chaque lot serait composé de 14 jeans et 9 jupes.

Page 11
Histoire
1b, 2a, 3c, 4a, 5c, 6a, 7a, 8c, 9b, 10a.
Culture Générale
A. Steve McQueen ; B. David Fincher ; C. Christopher Nolan ; D. Wes Ball ; E. Luc Besson ; F. Wes Anderson ; G. Bryan Singer ; H. Jalil Lespert.

Page 12
Littérature
1c, 2b, 3c, 4a, 5a, 6c, 7c, 8b, 9a, 10b.
Sciences
1. FAUX ; **2.** VRAI ; **3.** VRAI ; **4.** FAUX ; **5.** FAUX ; **6.** VRAI ; **7.** VRAI ; **8.** VRAI ; **9.** FAUX ; **10.** FAUX.

Page 13
Géographie
1i, 2e, 3a, 4h, 5b, 6g, 7c, 8d, 9j, 10f.
Culture Générale
1b, 2c, 3b, 4a, 5b, 6a, 7c, 8a, 9a, 10c.

Pages 14 et 15

L'Union européenne
1. Suède, Stockholm ; **2.** Espagne, Madrid ; **3.** Pays-Bas, Amsterdam ; **4.** Hongrie, Budapest ; **5.** Lettonie, Riga ; **6.** Grèce, Athènes ; **7.** République Tchèque, Prague ; **8.** Finlande, Helsinki ; **9.** Danemark, Copenhague ; **10.** Italie, Rome ; **11.** Pologne, Varsovie ; **12.** Portugal, Lisbonne ; **13.** Slovénie, Ljubljana ; **14.** Estonie, Tallinn ; **15.** Autriche, Vienne ; **16.** Bulgarie, Sofia ; **17.** France, Paris ; **18.** Croatie, Zagreb ; **19.** Luxembourg, Luxembourg ; **20.** Slovaquie, Bratislava ; **21.** Roumanie, Bucarest ; **22.** Malte, La Valette ; **23.** Chypre, Nicosie ; **24.** Allemagne, Berlin ; **25.** Lituanie, Vilnius ; **26.** Belgique, Bruxelles ; **27.** Irlande, Dublin.

Pages 16 à 19

Page 16
Français
1f, 2c, 3j, 4b, 5h, 6e, 7i, 8a, 9d, 10g.
Maths
L'angle B et l'angle C sont égaux.
Les droites (PQ) et (AC) sont parallèles ; les angles correspondants BPQ et C sont donc égaux.
L'angle BPQ et égal à l'angle B.
Le triangle BPQ ayant deux angles égaux est isocèle.

Page 17
Histoire
1a, 2a, 3b, 4a, 5b, 6a, 7b, 8b, 9a, 10b.
Culture générale
1b, 2c, 3a, 4b, 5c, 6b, 7b, 8a, 9c, 10a.

Page 18
Littérature
1. *Réparer les vivants*, Maylis de Kerangal ; **2.** *Central Park*, Guillaume Musso ; **3.** *Dans le jardin de l'ogre*, Leïla Slimani ; **4.** *Pas pleurer*, Lydie Salvayre ; **5.** *La Voix de la Terre, troisième humanité*, Bernard Werber ; **6.** *Charlotte*, David Foenkinos ; **7.** *Pétronille*, Amélie Nothomb ; **8.** *Mr Mercedes*, Stephen King ; **9.** *La Patience du diable*, Maxime Chattam ; **10.** *N'oublier jamais*, Michel Bussi.
Sciences
1c, 2b, 3b, 4a, 5c, 6b, 7c, 8a, 9a, 10b.

Page 19
Géographie
1. Guinée, **2.** Soudan, **3.** Algérie, **4.** Tanzanie, **5.** Afrique du sud, **6.** Cameroun, **7.** Somalie, **8.** Zimbabwe, **9.** Égypte, **10.** Côte d'Ivoire
Culture générale
1b, 2b, 3a, 4c, 5c, 6b, 7c, 8a, 9b, 10a.

Pages 20 et 21

Sudokus

A

3	4	2	5	6	8	1	7	9
1	6	9	7	2	3	4	5	8
8	7	5	9	4	1	6	3	2
4	2	6	3	7	9	8	1	5
7	3	1	8	5	6	2	9	4
5	9	8	2	1	4	3	6	7
9	8	4	6	3	5	7	2	1
2	1	3	4	9	7	5	8	6
6	5	7	1	8	2	9	4	3

B

9	2	6	3	7	1	4	8	5
3	8	5	9	4	2	6	1	7
7	1	4	5	8	6	2	3	9
8	4	3	6	5	7	1	9	2
1	7	9	4	2	8	5	6	3
6	5	2	1	3	9	8	7	4
5	6	1	2	9	3	7	4	8
4	9	8	7	6	5	3	2	1
2	3	7	8	1	4	9	5	6

C

4	9	6	8	5	1	3	2	7
2	5	8	7	4	3	9	1	6
7	3	1	6	2	9	5	8	4
5	4	7	2	1	6	8	3	9
3	6	2	5	9	8	7	4	1
8	1	9	4	3	7	2	6	5
1	7	4	3	8	5	6	9	2
9	8	5	1	6	2	4	7	3
6	2	3	9	7	4	1	5	8

D

6	2	7	3	4	8	1	9	5
1	9	5	2	7	6	8	4	3
4	3	8	1	5	9	6	7	2
5	8	4	7	9	3	2	6	1
2	7	3	6	1	4	9	5	8
9	1	6	5	8	2	4	3	7
3	5	9	8	6	1	7	2	4
7	6	1	4	2	5	3	8	9
8	4	2	9	3	7	5	1	6

G

7	6	9	1	4	2	8	5	3
8	3	2	5	9	6	4	1	7
5	4	1	3	8	7	2	6	9
3	7	8	2	1	4	5	9	6
9	2	5	6	3	8	7	4	1
6	1	4	7	5	9	3	2	8
1	8	6	4	2	3	9	7	5
2	5	3	9	7	1	6	8	4
4	9	7	8	6	5	1	3	2

E

6	2	7	3	4	8	1	9	5
1	9	5	2	7	6	8	4	3
4	3	8	1	5	9	6	7	2
5	8	4	7	9	3	2	6	1
2	7	3	6	1	4	9	5	8
9	1	6	5	8	2	4	3	7
3	5	9	8	6	1	7	2	4
7	6	1	4	2	5	3	8	9
8	4	2	9	3	7	5	1	6

H

5	7	8	2	4	1	3	6	9
2	3	4	5	9	6	1	7	8
1	6	9	3	8	7	2	5	4
7	9	3	8	6	4	5	1	2
8	4	2	1	3	5	6	9	7
6	5	1	9	7	2	8	4	3
3	1	5	7	2	9	4	8	6
4	2	7	6	1	8	9	3	5
9	8	6	4	5	3	7	2	1

F

9	8	1	2	5	4	7	6	3
3	2	5	7	6	8	9	4	1
7	4	6	3	9	1	8	5	2
6	3	2	4	8	9	1	7	5
5	9	7	1	3	6	2	8	4
4	1	8	5	2	7	3	9	6
8	6	3	9	4	2	5	1	7
2	7	4	8	1	5	6	3	9
1	5	9	6	7	3	4	2	8

Pages 22 à 25

Page 22
Français
« Je me souviens d'un jour d'automne **où**, le dîner étant ser**vi**, la nuit s'était faite dans la chambre. Ma cousine et moi nous poursuivions l'une l'autre à travers les arbres, c'est-à-dire sous les plis du rideau. L'appartement avait disparu à nos yeux et nous étions véritablement dans un sombre paysage **à** l'entrée de la nuit. On nous app**el**ait pour dîner et nous n'entendions rien. Ma mère vint me prendre dans **s**es bras pour me porter à table et je me rapp**ell**erai toujours mon é**to**nn**em**ent en voyant les objets réels qui m'environn**aient**. Je sortais d'une hallu**c**ination complète et il me co**û**tait **d'en** sortir si brusquement. » *Histoire de ma vie*, George Sand, 1855.

Maths
Énigme 1 : 1
Énigme 2 :

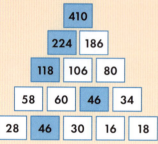

Énigme 3 : a = 2, b = 1, c = 7, d = 8. En effet 2178 x 4 = 8712.

Page 23
Histoire
1b, 2a, 3c, 4b, 5a, 6c, 7b, 8a, 9c, 10c.

Culture générale
1c ; 2a ; 3. 1. Red Bull Racing ; 2. Mercedes ; 3. Ferrari ; 4. McLaren ; 5. Aston Martin ; 6. Alpine ; 7. Williams ; 8. Alpha Tauri ; 9. Alfa Romeo Racing ; 10. Haas F1 Team ; **4b** ; **5a** ; **6c** ; **7c**.

Page 24
Littérature
1d, 2g, 3j, 4a, 5b, 6e, 7c, 8f, 9i, 10h.

Sciences
1. Vrai ; 2. Vrai ; 3. Vrai ; 4. Vrai ; 5. Faux ; 6. Vrai ; 7. Faux ; 8. Vrai ; 9. Vrai ; 10. Faux.

Page 25
Géographie
1a, 2a, 3b, 4a, 5b, 6b, 7a, 8a, 9b, 10a, 11a, 12a.

Culture Générale
1. « wild », « free » ; 2. « dormir », « mettre » ; 3. « necesita », « gracia » ; 4. « Chanel », « limousine » ; 5. « numérique », « chérie » ; 6. « Cuba », « facile »

Pages 26 et 27

Les femmes dans l'histoire
A. 1b, 2b, 3a, 4a, 5b, 6a, 7a, 8a, 9b, 10b.
B. 1b, 2a, 3a, 4b, 5a, 6b, 7a, 8a.
C. 1a, 2a, 3b, 4a, 5b, 6a, 7a, 8a.
D. 1 a et b, 2a, 3b, 4a, 5b, 6a, 7b, 8b, 9a, 10b.

Pages 28 à 31

Page 28
Français
PHÈDRE

On dit qu'un prompt départ vous éloigne de nous,
Seigneur. À vos douleurs je viens joindre mes larmes ;
Je vous viens pour un fils expliquer mes alarmes.
Mon fils n'a plus de père ; et le jour n'est pas loin
Qui de ma mort encore doit le rendre témoin.
Déjà mille ennemis attaquent son enfance :
Vous seul pouvez contre eux embrasser sa défense.
Mais un secret remords agite mes esprits :
Je crains d'avoir fermé votre oreille à ses cris ;
Je tremble que sur lui votre juste colère
Ne poursuive bientôt une odieuse mère.

Maths
1. Faux (toujours égale à 180°) ; **2.** Faux (3 côtés de même longueur) ; **3.** Vrai ; **4.** Faux (bien sûr que non !) ; **5.** Faux (la bissectrice) ; **6.** Vrai ; **7.** Faux (entre deux) ; **8.** Vrai ; **9.** Vrai ; **10.** Vrai.

Page 29
Histoire
1e, 2h, 3g, 4a, 5d, 6c, 7f, 8b.

Culture générale
1a, 2b, 3b, 4a, 5b, 6a, 7a, 8b, 9b, 10a.

Page 30
Littérature
Les Fleurs du mal, Charles Baudelaire ; *Le Petit Prince*, Antoine de Saint-Exupéry ; *À la recherche du temps perdu*, Marcel Proust ; *Les Contes de Canterbury*, Geoffrey Chaucer ; *Voyage au centre de la Terre*, Jules Verne ; *Les enquêtes d'Hercule Poirot*, Agatha Christie ; *La ligne verte*, Stephen King, *Harry Potter*, J.K. Rowling ; *Madame Bovary*, Gustave Flaubert ; *Raison et sentiments*, Jane Austen ; *Notre-Dame de Paris*, Victor Hugo ; *Le fantôme de l'Opéra*, Gaston Leroux ; *Le Portrait de Dorian Gray*, Oscar Wilde ; *La Reine Mab*, George Sand ; *La Princesse de Clèves*, Madame de La Fayette.

Sciences
1c, 2c, 3c, 4a, 5c, 6a, 7c, 8a, 9b.

Page 31
Géographie
1b, 2b, 3a, 4a, 5c, 6c, 7a, 8c, 9a, 10c.
Culture générale
1b, 2c, 3a, 4c, 5b, 6a, 7c, 8c, 9a.

Pages 32 et 33
Musicalement votre
A. 1c, 2g, 3e, 4a, 5f, 6d, 7h, 8b.
B. 1a, 2a, 3b, 4b, 5a, 6b, 7b, 8b, 9a, 10a.
C. 1h, 2d, 3b, 4g, 5c, 6j, 7a, 8i, 9f, 10e.
D. 1. Le zeusaphone ; 2. L'harmonica de verre ; 3. La guimbarde ; 4. Le thérémine ; 5. La kalimba ; 6. Le kazoo ; 7. Le handpan ; 8. Le bazooka

Pages 34 à 37
Page 34
Français
1f, 2i, 3a, 4j, 5h, 6b, 7e, 8g, 9d, 10c.
Maths
Problème 1 :
Le calcul de la dépense totale D en une expression est: D = 5 × 3 € + 3 × 2,5 €
D = 15 € + 7,5 €
La dépense est de 22,5 €
Problème 2 :
Le calcul donnant le prix d'un transat T en une expression est : B = 224 − 4 × 42 €
B = 224 − 168 €
Le prix du transat est de 56 €

Page 35
Histoire
1. Vrai ; **2.** Faux (le bien-aimé) ; **3.** Vrai ; **4.** Vrai ; **5.** Vrai ; **6.** Faux (Robert François Damiens) ; **7.** Vrai ; **8.** Faux (sa maîtresse) ; **9.** Faux (c'est Johnny Depp) ; **10.** Vrai.
Culture générale
1. *Dirty Dancing*, **2.** *Brokeback Mountain*, **3.** *Mr & Mrs Smith*, **4.** *Titanic*, **5.** *La vie d'Adèle*, **6.** *Grease*, **7.** *Twilight*, **8.** *A United Kingdom*, **9.** *Nos étoiles contraires*, **10.** *La La Land*

Page 36
Littérature
1i, 2h, 3f, 4a, 5g, 6c, 7d, 8j, 9e, 10b.
Sciences
1c, 2b, 3c, 4c, 5b, 6a, 7c, 8a, 9c, 10b.

Page 37
Géographie
1. Vrai ; **2.** Faux (c'est l'inverse) ; **3.** Vrai ; **4.** Faux (avec 8) ; **5.** Vrai ; **6.** Faux (du nord-ouest au sud-est) ; **7.** Vrai ; **8.** Faux (c'est le plus grand) ; **9.** Vrai; **10.** Faux (c'est à Brest !).
Culture Générale
1gB, 2dF, 3jD, 4hE, 5fG, 6bC, 7iJ, 8aA, 9eH, 10cI.

Pages 38 et 39
Cet été, c'est karaoké !
A. 1e, 2j, 3i, 4f, 5h, 6d, 7a, 8b, 9g, 10c.
B. 1. Filles, bras ; 2. odeur, douceur ; 3. landes, vivants ; 4. Lune, encore ; 5. pays, hou, place ; 6. aventure, samouraï ; 7. Orage, sauvage, loup ; 8. assez, idole, remontrai ; 9. trouillards, genoux, soldats ; 10. minot, fabuleux, caramels.
C. 1. super ; 2. mambo, rococo ; 3. Bakélite ; 4. volcans, vent ; 5. systèmes, s'aime ; 6 boujé ; 7. estuaire, mystères ; 8 blonds, blouson ; 9. bateau, piano ; 10 ensoleillée.
D. 1d, 2g, 3e, 4i, 5h, 6j, 7c, 8a, 9f, 10b.

Pages 40 à 43
Page 40
Français
1. Des baux, 2. Parallèle, 3. Savoir gré, 4. Choux-fleurs, 5. Une demi-heure, 6. A tout prix, 7. Ascenseur, 8. Notamment, 9. Accueil, 10. Au temps pour moi, 11. J'ai eu tort, 12. Ensemble, 13. Pause, 14. Un chiffre d'affaires, 15. Un différend, 16. Quand même, 17. Dix mille, 18. Chez le coiffeur, 19. Si j'avais, 20. Des haut-parleurs.
Maths
Exercice 1
A = 20x - 15
B = 12x² - 30x
C = 6x² + 29x + 35
D = 6x² - 19x + 10
Exercice 2
E = 21x - 28
F = 22x² - 66x + 51

Page 41
Histoire
1b, 2c, 3b, 4a, 5b, 6c, 7c, 8a, 9b, 10c.
Culture Générale
1. Christian Bale ; **2.** Amy Adams ; **3.** Leonardo Di Caprio ; **4.** Victoria Beckam ; **5.** Jimmy Fallon ; **6.** Penelope Cruz ; **7.** Kate Moss ; **8.** Romain Duris ; **9.** James Blunt ; **10.** Alanis Morissette ; **11.** Joaquin Phoenix ; **12.** Robbie Williams.

Page 42
Littérature
1b, 2a, 3b, 4c, 5b, 6c, 7a, 8b, 9a, 10a.
Sciences
1. Vrai, **2.** Vrai, **3.** Faux, **4.** Faux, **5.** Faux, **6.** Vrai, **7.** Vrai, **8.** Faux, **9.** Vrai, **10.** Faux.

Page 43
Géographie
1a, 2c, 3b, 4a, 5b, 6c, 7b, 8c, 9a, 10b.
Culture générale
1i, 2g, 3j, 4a, 5d, 6b, 7c, 8e, 9f, 10h.

Pages 44 et 45

Jeux de lettres

1. chalet, chasse, chaton, chimie, chipie, harpie, harpon, letchi, lettre, lierre, liesse, pierre, piéton, pondre, poudre, poulet, poulie, poupon, pousse, tresse...

2. Dîneras : Sardine ; Dragon : Gardon ; Engrais : Graines ; Gorille : Girolle ; Hirsute : Huîtres ; Organe : Orange ; Pastiche : Pistache ; Soulagent : Langouste ; Véhiculer : Chevreuil ; Voyage : Goyave

3. a. 8 lettres : nuptiale, planteur, insulter, aspirent. 7 lettres : partiel, pasteur, rustine, stipule. 6 lettres : rituel, parent, laitue, lapins.
b. 7 lettres : lexique, ventile, veinule, envieux. 6 lettres : neveux, exulte, lévite, quinte. 5 lettres : lieux, vieux, lutin, vente.
c. 8 lettres : zonerais, bariolez, anoblies, bronzais. 7 lettres : solaire, balisez, larbins, zébrons. 6 lettres : raison, blazer, balise, lésion.

4. bouche, chérir, couche, coudre, couple, courir, flèche, flétri, foudre, fougue, guérir, guerre, mouche, moufle, moulin, mouton, souche, souple, tondre, triple...

Pages 46 à 49

Page 46
Français
1i, 2c, 3j, 4g, 5a, 6e, 7b, 8h, 9f, 10d.
Maths
1a, 2b, 3b, 4a, 5b, 6b, 7b, 8a, 9b, 10a.

Page 47
Histoire
1a, 2c, 3a, 4b, 5c, 6a, 7b, 8c, 9a, 10c.
Culture générale
1a, 2b, 3c, 4a, 5c, 6b, 7b, 8c, 9a, 10c

Page 48
Littérature
1. Grand prix du roman de l'Académie française, *Une façon d'aimer*, Dominique Barbéris ; **2.** Prix Femina, *Triste tigre*, Neige Sinno ; **3.** Prix Goncourt, *Veiller sur elle*, Jean-Baptiste Andrea ; **4.** Prix Goncourt des lycéens, *Triste tigre*, Neige Sinno ; **5.** Prix Interallié, *Humus*, Gaspard Koenig ; **6.** Prix Médicis, *Que notre joie demeure*, Kevin Lambert ; **7.** Prix Renaudot, *Les Insolents*, Ann Scott ; **8.** Prix de Flore, *Western*, Maria Pourchet ; **9.** Prix Décembre, *Que notre joie demeure*, Kevin Lambert ; **10.** Prix du premier roman français, *Alain Pacadis, Face B*, Charles Salles.
Sciences
1a, 2c, 3c, 4a, 5a, 6b, 7c, 8c, 9a, 10a.

Page 49
Géographie
1c, 2c, 3b, 4b, 5c, 6c, 7c, 8c.
Culture générale
1b, 2b, 3a, 4b, 5a, 6b, 7b, 8a, 9a, 10b.

Pages 50 et 51

The United States
1. Dakota du sud, **2.** Alabama, **3.** Oregon, **4.** New York, **5.** Texas, **6.** Tennessee, **7.** Wyoming, **8.** Wisconsin, **9.** Nevada, **10.** Maine, **11.** Kansas, **12.** Minnesota, **13.** Floride, **14.** Maryland, **15.** Washington, **16.** Louisiane, **17.** Montana, **18.** Iowa, **19.** Californie, **20.** Vermont, **21.** Missouri, **22.** Arizona, **23.** Dakota du nord, **24.** Virginie, **25.** Utah, **26.** Nebraska, **27.** New Hampshire, **28.** Alaska, **29.** Oklahoma, **30.** Idaho, **31.** Massachusetts, **32.** Michigan, **33.** Mississippi, **34.** Nouveau Mexique, **35.** Caroline du nord, **36.** Colorado, **37.** Connecticut, **38.** Indiana, **39.** Pennsylvanie, **40.** Delaware, **41.** Caroline du sud, **42.** Rhode Island, **43.** Ohio, **44.** Arkansas, **45.** Kentucky, **46.** Illinois, **47.** Virginie occidentale, **48.** Géorgie, **49.** New Jersey, **50.** Hawaii.

Pages 53 à 55

Page 52
Français
1a, 2b, 3a, 4c, 5b, 6b, 7a, 8c, 9b, 10a.
Maths
Soit a la fonction qui, au nombre d'entrées x, associe le prix à payer pour le mois avec la formule A.
Soit b la fonction qui, au nombre d'entrées x, associe le prix à payer pour le mois avec la formule B.
Soit c la fonction qui, au nombre d'entrées x, associe le prix à payer pour le mois avec la formule C.
On a alors :
- $f(a) = 15x$
- $f(b) = 60 + 5x$
- $f(c) = 160$

1. Pour $x = 4$, on a : $a(x) = 60$; $b(x) = 80$; $c(x) = 160$.
Pour $x = 30$, on a : $a(x) = 450$; $b(x) = 210$; $c(x) = 160$.
Pour $x = 12$, on a : $a(x) = 180$; $b(x) = 120$; $c(x) = 160$.
Ainsi :
- Pour $x = 4$, $a(x) < b(x) < c(x)$: pour 4 entrées, la formule A est la moins chère ;
- Pour $x = 30$, $c(x) < b(x) < a(x)$: pour 30 entrées, la formule C est la moins chère ;
- Pour $x = 12$, $b(x) < c(x) < a(x)$: pour 12 entrées, la formule B est la moins chère.

Page 53
Histoire
1. Faux, **2.** Faux, **3.** Vrai, **4.** Vrai, **5.** Faux, **6.** Vrai, **7.** Vrai, **8.** Faux, **9.** Vrai, **10.** Faux.
Culture générale
1f, 2k, 3c, 4l, 5a, 6i, 7b, 8j, 9e, 10g, 11h, 12d.

Page 54

Littérature

1. Rimbaud ; **2.** Téléphone ; **3.** Rimbaud ; **4.** Rimbaud ; **5.** Téléphone ; **6.** Téléphone ; **7.** Rimbaud ; **8.** Téléphone.

Sciences

1a, 2 b et c, 3b, 4c, 5c, 6a, 7c, 8c, 9c, 10a.

Page 55

Géographie

1. Moscou (Russie) ; **2.** Dublin (Irlande) ; **3.** Athènes (Grèce), **4.** Washington (États-Unis) ; **5.** Buenos Aires (Argentine) ; **6.** Canberra (Australie) ; **7.** Londres (Angleterre) ; **8.** Pékin (Chine) ; **9.** Rabat (Maroc) ; **10.** Stockholm (Suède).

Culture générale

1c, 2a, 3a, 4c, 5b, 6c, 7a, 8a, 9b, 10c.

Pages 56 et 57

Mots cachés

1

D	**S**	A	Y	J	V	I	Y	B	V	F	C	H	**N**	M
V	**A**	X	**M**	**A**	**R**	**I**	**T**	**I**	**M**	**E**	J	M	**A**	R
G	**B**	L	**A**	F	X	A	E	S	Y	Q	W	X	**V**	V
E	**L**	C	G	**T**	P	T	I	Z	M	K	C	S	**I**	D
G	**E**	D	V	A	**L**	**L**	O	T	F	T	H	I	**G**	Z
A	Z	O	J	H	B	**A**	**A**	I	N	Y	O	X	**A**	X
V	U	Z	X	B	Y	M	**N**	**R**	V	M	Q	N	**T**	F
I	T	U	S	B	**E**	H	C	**T**	**O**	T	W	L	**I**	M
R	G	W	E	G	**S**	K	**E**	N	**I**	**T**	T	L	**O**	X
W	C	R	M	T	**I**	**G**	**E**	E	S	**Q**	**T**	X	**N**	W
O	S	O	S	S	**A**	M	**M**	Q	Z	R	**U**	**I**	S	I
U	B	F	V	**L**	**L**	H	**U**	Q	J	M	B	**E**	**L**	R
M	Y	C	**P**	N	**A**	L	**C**	B	C	V	J	P	L	N
R	R	P	F	J	**F**	I	**E**	G	P	E	T	K	S	A
I	O	Y	D	P	K	**L**	**A**	**G**	**U**	**N**	**E**	Q	A	G

2

K	U	I	A	D	J	R	**F**	M	U	R	X	E	**E**	G
H	V	D	V	X	I	P	**I**	H	Q	W	A	X	**D**	D
B	**A**	**L**	**P**	**I**	**N**	**I**	**S**	**M**	**E**	S	D	L	**A**	E
R	S	G	T	V	P	A	**S**	N	K	Q	W	U	**C**	**E**
S	G	V	A	V	X	M	**A**	A	N	A	Q	F	**S**	Z
S	G	J	U	Y	R	Z	**M**	G	K	K	X	**C**	**A**	Z
N	**O**	**I**	**T**	**A**	**T**	**E**	**G**	**E**	**V**	E	**A**	X	**C**	L
Ç	T	S	M	S	V	T	K	M	K	**L**	K	U	O	F
R	L	V	J	N	**S**	I	C	D	**A**	C	F	B	T	B
J	V	C	J	**O**	Z	N	P	**D**	M	U	E	O	G	R
G	B	F	**M**	V	D	U	**E**	C	S	S	I	C	N	V
L	P	**M**	E	**A**	**L**	**T**	**I**	**T**	**U**	**D**	**E**	L	F	Y
H	**E**	C	**G**	**R**	**O**	**T**	**T**	**E**	C	R	A	C	U	F
T	T	R	V	N	M	N	G	**V**	**A**	**L**	**L**	**E**	**E**	G
O	V	O	**R**	**A**	**N**	**D**	**O**	**N**	**N**	**E**	**E**	B	F	I

3

M	P	L	O	O	L	D	N	A	G	T	P	Z	A	T
O	P	O	Z	V	F	W	K	E	Y	J	S	H	T	X
I	R	H	S	B	W	L	Q	W	B	Y	A	Y	X	**P**
R	B	**R**	**U**	**R**	**A**	**L**	**I**	**T**	**E**	J	**E**	R	E	**R**
W	M	R	**E**	N	Z	Q	H	Z	**R**	E	**G**	X	M	**A**
A	E	V	**M**	L	T	F	W	V	**U**	C	**A**	X	F	**I**
T	C	**C**	**R**	I	X	Y	S	S	**T**	D	**S**	P	Z	**R**
T	K	**A**	**E**	I	U	C	**P**	J	**A**	U	**Y**	M	B	**I**
E	N	**L**	F	E	F	**M**	**V**	N	**I**	U	**A**	O	N	**E**
Y	S	**M**	Q	N	**A**	**I**	U	C	**G**	G	**P**	V	D	I
M	T	**E**	A	**H**	**L**	**E**	**R**	**R**	**E**	**T**	H	D	N	S
I	Y	R	**C**	**L**	F	U	Q	M	**L**	N	R	E	D	E
D	P	B	**A**	P	C	A	V	C	**L**	L	D	Y	F	B
F	S	**G**	P	E	Q	**A**	**G**	**R**	**I**	**C**	**O**	**L**	**E**	N
D	**E**	I	B	H	O	A	J	W	**V**	E	A	W	U	F

4

[Word search grid]

F	L	G	P	N	G	T	J	D	F	O	Y	Q	I	L
Z	E	U	E	A	Q	D	O	J	I	T	K	T	Y	J
J	C	Z	U	T	T	J	G	D	A	X	Y	E	G	E
I	I	P	Q	K	I	R	Y	C	L	U	Y	D	W	Z
K	F	F	I	Z	G	L	I	O	U	F	X	D	O	V
E	I	N	T	R	X	L	O	M	E	L	X	Q	L	M
T	D	Y	S	N	R	B	U	P	O	E	T	Y	D	E
I	E	R	I	U	R	T	J	M	O	I	S	U	B	L
S	M	E	T	R	O	P	O	L	E	M	N	U	R	H
I	R	F	R	I	P	N	P	W	D	D	S	E	M	E
V	G	R	A	U	U	U	R	B	A	I	N	O	Z	U
W	D	I	N	M	I	Q	E	V	X	B	Q	R	C	J
D	I	J	E	Q	E	B	Y	V	W	Y	N	L	D	S
B	O	N	X	L	Y	D	D	G	U	Y	Z	L	J	X
H	T	L	I	H	T	C	A	R	K	E	D	P	O	F

Pages 58 à 61

Page 58
Français
1e, 2f, 3j, 4a, 5i, 6g, 7h, 8b, 9d, 10c.
Maths
1b, 2b, 3b, 4a, 5b, 6a, 7b, 8b, 9b, 10a.

Page 59
Histoire
1b, 2b, 3b, 4a, 5c, 6b, 7c, 8a, 9b, 10c.
Culture générale
1a, 2a, 3b, 4a, 5a, 6b, 7a, 8b, 9b, 10b, 11a, 12b.

Page 60
Littérature
1b, 2a, 3c, 4c, 5b, 6b, 7c, 8b, 9a, 10c.
Sciences
1b, 2a, 3a, 4c, 5a, 6c, 7c, 8a, 9b, 10b.

Page 61
Géographie
1. L'Abbaye du Mont Saint-Michel, **2.** Le Panthéon, **3.** Le Pont du Gard, **4.** La Tour Montparnasse, **5.** La Basilique Notre-Dame de la Garde, **6.** Le château de Versailles, **7.** Le rocher de la Vierge, **8.** L'arc de Triomphe, **9.** La cathédrale Saint-Nicolas, **10.** Le Pont d'Avignon
Culture générale
1c, 2c, 3b, 4a, 5b, 6c, 7b, 8a, 9c, 10a.

Pages 62 et 63

Les femmes dans l'histoire
A. 1a, 2a, 3b, 4 a et b, 5b, 6a, 7a, 8b, 9b, 10a.
B. 1a, 2b, 3b, 4a, 5b, 6a, 7a, 8b.
C. 1b, 2a, 3a, 4b, 5 a et b, 6 a et b, 7b, 8a.
D. 1b, 2a, 3a, 4b, 5a, 6b, 7b, 8a.

Pages 64 à 67

Page 64
Français
1. rendu compte ; **2.** épousée ; **3.** retrouvées ; **4.** vue ; **5.** ramassé ; **6.** cueillies ; **7.** coûté ; **8.** achetées ; **9.** disputés, duré ; **10.** mariés.
Maths
1a, b et c, 2b, 3b et c, 4a et c, 5a, 6b, 7b.

Page 65
Histoire
1b, 2a, 3b, 4c, 5c, 6b, 7a, 8a, 9c.
Culture générale
1b, 2a, 3a, 4b, 5b, 6a, 7a, 8b, 9b, 10a.

Page 66
Littérature
1a, 2c, 3b, 4a, 5a, 6b, 7a, 8c, 9a, 10b.
Sciences
1. Vrai ; **2.** Vrai ; **3.** Faux (en 1956) ; **4.** Faux (et non, pas encore...) ; **5.** Vrai ; **6.** Vrai ; **7.** Faux (avec l'iPhone 4s) ; **8.** Vrai ; **9.** Vrai ; **10.** Faux (c'est Alexa)

Page 67
Géographie
1b, 2a, 3c, 4b, 5c, 6a, 7a, 8b, 9c.
Culture générale
1a, 2c, 3c, 4b, 5a, 6a, 7b, 8c, 9b.

Pages 68 et 69

Sudokus

A

4	9	8	1	7	6	3	2	5
7	5	6	3	4	2	1	8	9
3	1	2	5	8	9	7	6	4
1	4	3	8	9	7	2	5	6
9	2	5	6	3	4	8	1	7
6	8	7	2	1	5	9	4	3
2	3	4	9	6	8	5	7	1
5	7	9	4	2	1	6	3	8
8	6	1	7	5	3	4	9	2

B

1	2	7	9	6	5	4	8	3
8	4	9	3	2	7	1	5	6
6	5	3	8	1	4	9	7	2
9	7	1	5	4	3	6	2	8
5	3	8	2	9	6	7	4	1
2	6	4	7	8	1	5	3	9
4	8	5	1	3	9	2	6	7
3	9	6	4	7	2	8	1	5
7	1	2	6	5	8	3	9	4

C

1	5	3	2	4	9	7	8	6
9	8	6	5	7	3	2	1	4
7	2	4	1	8	6	3	5	9
6	4	8	3	5	2	9	7	1
5	7	1	9	6	8	4	2	3
2	3	9	7	1	4	8	6	5
8	1	7	4	9	5	6	3	2
4	6	2	8	3	1	5	9	7
3	9	5	6	2	7	1	4	8

D

9	4	2	3	8	7	5	6	1
8	7	5	9	1	6	2	3	4
3	1	6	2	5	4	7	8	9
1	2	3	7	6	9	4	5	8
4	5	8	1	2	3	9	7	6
7	6	9	5	4	8	3	1	2
6	3	7	8	9	2	1	4	5
5	9	4	6	3	1	8	2	7
2	8	1	4	7	5	6	9	3

E

5	3	7	6	9	2	8	4	1
6	8	2	4	1	3	7	5	9
9	4	1	8	5	7	6	3	2
3	6	8	9	2	5	4	1	7
1	9	5	7	6	4	3	2	8
2	7	4	1	3	8	9	6	5
8	1	3	2	7	6	5	9	4
7	5	9	3	4	1	2	8	6
4	2	6	5	8	9	1	7	3

F

8	6	3	1	2	9	7	4	5
5	2	9	6	7	4	8	3	1
4	7	1	8	5	3	9	2	6
1	3	7	9	8	5	4	6	2
2	8	5	3	4	6	1	9	7
9	4	6	7	1	2	3	5	8
3	9	8	2	6	1	5	7	4
7	5	2	4	9	8	6	1	3
6	1	4	5	3	7	2	8	9

G

9	2	1	6	7	4	3	8	5
7	6	5	3	8	9	2	1	4
4	3	8	1	2	5	7	6	9
8	1	6	5	4	7	9	2	3
5	7	9	8	3	2	6	4	1
2	4	3	9	6	1	8	5	7
1	5	2	7	9	8	4	3	6
6	9	4	2	1	3	5	7	8
3	8	7	4	5	6	1	9	2

H

5	7	8	2	4	1	3	6	9
2	3	4	5	9	6	1	7	8
1	6	9	3	8	7	2	5	4
7	9	3	8	6	4	5	1	2
8	4	2	1	3	5	6	9	7
6	5	1	9	7	2	8	4	3
3	1	5	7	2	9	4	8	6
4	2	7	6	1	8	9	3	5
9	8	6	4	5	3	7	2	1

Pages 70 à 73

Page 70
Français
1. compréhensif ; 2. Emmené ; 3. prescrit ; 4. allocations ; 5. colorier ; 6. infraction ; 7. l'excès ; 8. sociale ; 9. éruption ; 10. l'attention ; 11. emménagé, aménagé ; 12. mettre à jour ; 13. venimeuse ; 14. inculqué ; 15. t'informe.

Maths
1.
$x/2 + 25 = 2x - 8$
$x/2 + 50/2 = 4x/2 - 16/2$
$x + 50 = 4x - 16$
$x - 4x = -16 - 50$
$-3x = -66$
$x = -66/-3 = 22$
Spiderman a 22 ans.

2.
$2(12 + x) = 28 + x$
$24 + 2x = 28 + x$
$x = 4$
Dans 4 ans, l'âge du fils de Superman sera le double de celui du fils de Batman.

Page 71
Histoire
1c, 2a, 3b, 4c, 5a, 6b, 7a, 8c, 9a, 10b.
Culture générale
1e, 2b, 3g, 4d, 5i, 6h, 7c, 8a, 9j, 10f.

Page 72
Littérature
1a, 2b, 3a, 4b, 5c, 6a, 7b, 8c, 9a.
Sciences
1. Condor des Andes, 2. Bruant jaune, 3. Aigle royal, 4. Épervier, 5. Perruche, 6. Colibri, 7. Geai bleu, 8. Moineau, 9. Flamant rose, 10. Hirondelle.

Page 73
Géographie
1c, 2a, 3b, 4b, 5c, 6a, 7b, 8a, 9b.
Culture Générale
1b, 2a, 3a, 4a, 5c, 6c, 7c, 8c, 9c.

Pages 74 et 75

Amérique du Sud
1. Guyana, Georgetown ; **2.** Bolivie, La Paz ; **3.** Équateur, Quito ; **4.** Uruguay, Montevideo ; **5.** Chili, Santiago ; **6.** Paraguay, Asuncion ; **7.** Venezuela, Caracas ; **8.** Pérou, Lima ; **9.** Guyane française, Cayenne ; **10.** Argentine, Buenos Aires ; **11.** Brésil, Brasilia ; **12.** Colombie, Bogota ; **13.** Suriname, Paramaribo.

Pages 76 à 79

Page 76
Français
1. To get cold feet, Avoir les pieds froids, Avoir le trac ; **2.** As easy as a duck soup, Aussi simple qu'une soupe de canard, Un jeu d'enfant ; **3.** It's raining cats and dogs, Il pleut des chats et des chiens, Il pleut des cordes ; **4.** Icing on the cake, Le glaçage sur le gâteau, La cerise sur le gâteau ; **5.** Tit for tat, Du tac au tac, Œil pour œil, dent pour dent ; **6.** Out of the blue, Hors du bleu, Sans crier gare ; **7.** Break a leg, Casser une jambe, Bonne chance ; **8.** Once in a blue moon, Une fois dans la lune bleue, Tous les 36 du mois ; **9.** Don't judge a book by its cover, Ne pas juger un livre à sa couverture, Ne pas se fier aux apparences ; **10.** To make a mountain out of a molehill, Faire une montagne d'une taupinière, En faire tout un fromage.

Maths
1. 17 : 2 = 8,5 ; ils formeront 7 binômes et un trinôme, ou 8 binômes en laissant un enfant à l'écart, ou pire...
2. Aire de la plage : Longueur x largeur = 18,2 x 21 = 382,2 m². Résultats des groupes : 6 x 382,2 = 2293,2 mégots ; 8 x 382,2 = 3057,6 mégots ; 9 x 382,2 = 3439,8 mégots ; 10 x 382,2 = 3822 mégots ; 12 x 382,2 = 4586,4 mégots ; 13 x 382,2 = 4968,6 mégots ; 16 x 382,2 = 6115,2 mégots.
3. Moyenne : 2293,2 + 3057,6 + 3439,8 + 3822 + 3822 + 4586,4 + 4968,6 + 6115,2 = 32104,8 ; on divise ensuite le résultat par le nombre de groupes ; 32104,8 : 8 = 4013,1 mégots.
4. Il faut convertir les 12 min et 16 s, ainsi que les 2 h 30min et 20s en s : 12x60=720 s ; 720 + 16=736 s ; l'animateur fume donc une cigarette toutes les 736 s.
Puis 2 x 3600 = 7200 s ; 30 x 60 = 1800 s ; 7200 + 1800 + 20 = 9020 s ; la sortie dure donc 9020 s. 9020 : 736 = 12,25 ; l'animateur aura donc fumé 12,25 cigarettes. 5) 1,01 g x 4013,1 = 4053,231 g de mégots de cigarettes ; comme 1 kg = 1000 g ; 4,053231 kg + les 12,25 mégots de l'animateur = 4,0656035 kg.

Page 77
Histoire
1b, 2a, 3a, 4b, 5a, 6b, 7b, 8b; 9a, 10b.
Culture Générale
1c, 2b, 3b, 4c, 5c, 6c, 7a, 8a, 9b, 10c.

Page 78
Littérature
1b, 2a, 3c, 4b, 5a, 6b, 7b, 8b, 9c, 10c.
Sciences
1. Vrai ; 2. Faux (100 000 fois plus grand) ; 3. Faux (à 100°C) ; 4. Vrai ; 5. Faux (un atome radioactif ne se transmute qu'une fois) ; 6. Faux (12) ; 7. Faux (c'est Antoine Laurent de Lavoisier) ; 8. Vrai ; 9. Vrai ; 10. Vrai.

Page 79
Géographie
1a, 2a, 3a, 4a, 5b, 6a, 7b, 8a, 9b, 10a, 11a, 12b.
Culture générale
1a, 2a, 3a, 4b, 5b, 6a, 7b, 8b, 9b, 10b.

Pages 80 et 81

Faites vos jeux !
A. 1c, 2b, 3c, 4a, 5b, 6c, 7a, 8c.
B. 1c, 2d, 3f, 4h; 5g; 6a; 7b; 8e.
C. 1d, 2e, 3g, 4h, 5b, 6f, 7a, 8c.
D. 1. Faux (il est composé de 3 « agitos », 1 rouge, 1 bleu et 1 vert) ; **2.** Vrai ; **3.** Vrai ; **4.** Faux (c'est un pongiste) ; **5.** Vrai ; **6.** Faux (Il est identique) ; **7.** Vrai ; **8.** Vrai ; **9.** Faux (4 !) ; **10.** Vrai.

Pages 82 à 85

Page 82
Français
1b, 2a, 3c, 4c, 5b, 6a, 7a, 8c, 9b, 10c.
Maths
a. 3/20 car il y a en tout 20 morceaux de fruit dont 3 de papaye shorts.
b. 3/10 car il y a 20 morceaux de fruit en tout dont 6 d'ananas t-shirts et que 6/20 = 3/10.
c. 17/20 car 17 morceaux de fruit sont des mangues robes ou des ananas t-shirts.

Page 83
Histoire
1b, 2b, 3c, 4b, 5a, 6c, 7a, 8b, 9b.
Culture générale
1c, 2a, 3b, 4a, 5c, 6c, 7b, 8a, 9b.

Page 84
Littérature
1g, 2a, 3d, 4j, 5b, 6i, 7c, 8e, 9f, 10h, 11l, 12k.
Sciences
1a, 2c, 3a, 4b, 5c, 6c, 7a, 8b, 9a, 10a.

123

Page 85
Géographie
1a, 2c, 3a, 4b, 5b, 6c, 7a, 8c, 9a, 10b.
Culture générale
1b, 2a, 3c, 4b, 5a, 6c, 7b, 8c, 9a, 10c.

Pages 86 et 87
Origami

Pages 88 à 91
Page 88
Français
1. un entretien ; **2.** aux dépens ; **3.** dilemme ; **4.** soi-disant ; **5.** atterrir ;
6. magazine ; **7.** en l'occurrence ; **8.** ils croient ; **9.** galerie ; **10.** pataquès ;
11. Méditerranée ; **12.** a fortiori ; **13.** rhétorique ; **14.** quand même ;
15. Intéressant ; **16.** Cueillir ; **17.** Pyrénées ; **18.** accueil ; **19.** Y a-t-il ;
20. Cirrhose.
Maths
Total des poissons : 15 + 42 + 48 = 105. 105/3 = 35.
Soit :
1. 2/5.
2. 19/35.
3. 16/35.

Page 89
Histoire
1b, 2b, 3b, 4b, 5a, 6a, 7a, 8b, 9a, 10a, 11a, 12b.
Culture générale
1b, 2a, 3c, 4a, 5c, 6b, 7a, 8a, 9c, 10b.

Page 90
Littérature
1f, 2b, 3h, 4j, 5a, 6i, 7d, 8e, 9g, 10c.
Sciences
1a, 2a, 3b, 4b, 5a, 6a, 7b, 8b, 9a, 10b, 11b, 12a.

Page 91
Géographie
1a, 2c, 3c, 4a, 5b, 6b, 7a, 8a, 9b, 10a.
Culture générale
1b, 2c, 3c, 4a, 5c, 6a, 7a, 8c, 9c.

Pages 92 et 93
Jeux de mémoire

Pages 94 à 97
Page 94
Français
1e, 2g, 3a, 4b, 5j, 6c, 7d, 8i, 9f, 10h.
Maths

Page 95
Histoire
1. Faux, **2.** Vrai, **3.** Vrai, **4.** Faux, **5.** Faux, **6.** Vrai, **7.** Faux, **8.** Faux,
9. Vrai, **10.** Faux.
Culture générale
1h, 2e, 3i, 4a, 5j, 6c, 7b, 8f, 9g, 10d.

Page 96
Littérature
1j, 2e, 3g, 4i, 5h, 6b, 7c, 8f, 9a, 10d.
Sciences
1b, 2a, 3c, 4c, 5b, 6a, 7c, 8b, 9a, 10a.

Page 97
Géographie
1a, 2a, 3c, 4b, 5a, 6c, 7b, 8a, 9c.
Culture Générale
1a, 2b, 3c, 4a, 5c, 6a, 7a, 8a, 9c.

Pages 98 et 99

Africa

1. Tchad, **2.** Zambie, **3.** Mali, **4.** Égypte, **5.** Afrique du Sud, **6.** Kenya, **7.** Algérie, **8.** Zimbabwe, **9.** Soudan du Sud, **10.** Guinée Équatoriale, **11.** Somalie, **12.** Angola, **13.** Maroc, **14.** Seychelles, **15.** Niger, **16.** République démocratique du Congo, **17.** Cap Vert, **18.** Cameroun, **19.** Comores, **20.** Rwanda, **21.** Libye, **22.** Mauritanie, **23.** Gambie, **24.** Madagascar, **25.** Namibie, **26.** Érythrée, **27.** Guinée-Bissau, **28.** Malawi, **29.** Tunisie, **30.** Lesotho, **31.** Togo, **32.** Tanzanie, **33.** Sao Tomé-et-Principe, **34.** Mozambique, **35.** L'île Maurice, **36.** Gabon, **37.** Eswatini, **38.** Guinée, **39.** Côte d'Ivoire, **40.** Bénin, **41.** Sierra Leone, **42.** Sahara Occidental, **43.** Burkina Faso, **44.** République du Congo, **45.** Botswana, **46.** République d'Afrique centrale, **47.** Éthiopie, **48.** Ouganda, **49.** Sénégal, **50.** Soudan, **51.** Libéria, **52.** Ghana, **53.** Djibouti, **54.** Nigeria

Pages 100 à 103

Page 100

Français
1. Inscrirai, décidé ; **2.** Remets ; **3.** Avait ; **4.** Travaillions ; **5.** Courras ; **6.** pensez, souffler ; **7.** Pratiquait ; **8.** Pourront ; **9.** aurais dû ; **10.** Terminâtes.

Maths
On appelle x le nombre de pièces de 2 euros et y le nombre des pièces de 0,50 euros.

$X + y = 15$

$2x + 0,5y\ 15$

On doit résoudre le système :

$x + y = 15$

$2x + 0,5y = 15$

La première équation donne : $y = 15-x$

On reporte 15-x à la place y dans la seconde équation :

$2x + 0,5(15-x) = 15$

$2x + 7,5 - 0,5x = 15$; $1,5x = 7,5$; $x = 7,5 / 1,5$; $x = 5$

$Y = 15-x$; $y = 15-5$; $y = 10$

Il y a donc 5 pièces de 2 euros et 10 pièces de 50 centimes.

Page 101

Histoire
1f, 2h, 3k, 4a, 5i, 6b, 7j, 8c, 9d, 10e, 11g, 12l.

Culture générale
1b, 2a, 3b, 4b, 5c, 6b, 7c, 8c, 9b, 10a.

Page 102

Littérature
1b, 2c, 3a, 4a, 5b, 6c, 7b, 8a, 9c, 10b.

Sciences
1b, 2b, 3b, 4a, 5a, 6a, 7c, 8c, 9b, 10c.

Page 103

Géographie
1a, 2c, 3b, 4c, 5a, 6a, 7c, 8a, 9c.

Culture générale
1b, 2a, 3c, 4c, 5a, 6a, 7c, 8b, 9c.

Pages 104 et 105

Repos, bien-être et devinettes

1. Match nul ; **2.** Il Socrate ; **3.** Le thon (ton) monte ! ; **4.** Le mérou bignole ! **5.** Au secours ! Je me noix ! ; **6.** Parce que Dumble dort ; **7.** Parce que ça fait toujours deux verres en moins ; **8.** C'est moi ! ; **9.** C'est caïman la même chose... ; **10.** En biscothèque ! ; **11.** Parce-que Mario Brosse ! ; **12.** Arrête de me couper la parole ou je te mets entre parenthèses ! ; **13.** Parce qu'ils surveillent leur ligne ; **14.** Avec une foufourche ! ; **15.** 3 mètres car le tout c'est de s'y mettre ! **16.** Une histoire sombre entre la Lune et le Soleil... ; **17.** Une souris ; **18.** Emma et Karen (Ehh macarena...) ; **19.** Pour surfer sur le net ; **20.** Parce qu'elles ne savent panaché...

Pages 106 À 109

Page 106

Français
1. Faux ; **2.** Vrais ; **3.** Faux (de façon que) ; **4.** Vrai ; **5.** Vrai ; **6.** Faux (range) ; **7.** Faux (chez le, tous, mercredis) ; **8.** Vrai ; **9.** Vrai ; **10.** Faux (voire).

Maths

3	1	4
5	8	2
7	6	9

Page 107

Histoire
1b, 2c, 3a, 4b, 5c, 6a, 7b, 8a, 9a, 10c.

Culture Générale
1f, 2j, 3c, 4h, 5b, 6e, 7g, 8a, 9d, 10i

Page 108

Littérature
1b, 2a, 3a, 4b, 5a, 6b, 7a, 8b, 9a, 10a.

Sciences
1. Vrai ; **2.** Faux (65 millions) ; **3.** Vrai ; **4.** Faux (Henri Becquerel) ; **5.** Faux (Phobos et Déimos) ; **6.** Faux (dans l'atmosphère) ; **7.** Vrai ; **8.** Vrai ; **9.** Vrai ; **10.** Faux (watt).

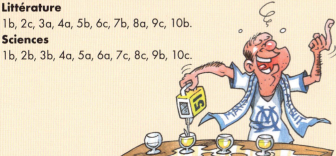

Page 109
Géographie
1. Faux (au nord) ; **2.** Faux (dollar canadien) ; **3.** Vrai ; **4.** Faux (El Niño) ;
5. Vrai ; **6.** Vrai ; **7.** Vrai ; **8.** Vrai ; **9.** Faux (le lac Volta) ; **10.** Vrai.
Culture générale
1a, 2a, 3b, 4b, 5b, 6a, 7b, 8b, 9a, 10a.

Pages 110 et 111

Comme les petits !
1.

2.

© 2024 Chiflet & Cie
Département de Hugo Publishing
34-36, rue La Pérouse
75116 - Paris
ISBN : 9782755673586
Dépôt légal : mai 2024
Imprimé en France (PPO)